先蚕神坛（1934 年）

先蚕坛织室（1922 年）

先蚕坛神厨、蚕神殿、神库（摄影：刘文丰）

北京先蚕坛

先蚕坛具服殿（茧馆）（摄影：董绍鹏）

先蚕坛织室（摄影：董绍鹏）

先蚕坛织室配殿（摄影：董绍鹏）

先蚕坛浴蚕河（摄影：董绍鹏）

先蚕坛门远眺（摄影：刘文丰）

先蚕坛亲蚕门
（摄影：董绍鹏）

北京先蚕坛

BEIJING XIAN CAN TAN

謝辰生题

董绍鹏 刘文丰 著

學苑出版社

图书在版编目（CIP）数据

北京先蚕坛／董绍鹏，刘文丰著．— 北京：学苑出版社，2014.12

ISBN 978－7－5077－4694－5

Ⅰ．①北…　Ⅱ．①董…　②刘…　Ⅲ．①蚕业—祭祀遗址—北京市　②蚕业—文化史—中国　Ⅳ．①K878.6②S88

中国版本图书馆 CIP 数据核字（2014）第 309976 号

责任编辑：周　鼎
封面设计：海马广告
出版发行：学苑出版社
社　　址：北京市丰台区南方庄 2 号院 1 号楼　100079
网　　址：www.book001.com
电子信箱：xueyuanpress@163.com；xueyuanyg@sina.com
销售电话：010－67675512、67678944、67601101（邮购）
经　　销：新华书店
印 刷 厂：三河市灵山红旗印刷厂
开本尺寸：787×1092　1/16
印　　张：12
字　　数：200 千字
版　　次：2014 年 12 月第 1 版
印　　次：2014 年 12 月第 1 次印刷
定　　价：48.00 元

目录

序言一

北京先蚕坛，是一座几乎为世人所遗忘的昔日清代皇家祭坛，沉寂已有半个多世纪。

中国自古以农桑为立国之本，强调民以衣食为天。纵观诸多传说、记载，众多为后人景仰的古圣先贤，多是以为民谋福祉而著名，以农桑之利开化民众，使人民避免饥馑得以温饱。先民为了衣食，栉风沐雨、焚膏继晷地耕种纺织，使后辈脱离了茹毛饮血的蛮荒时代，迈入文明的门槛。他们的艰辛和智慧，是值得我们赞颂的。上古有先农神农氏为民辨五谷开创农耕技术，也有先蚕氏为民做蚕丝织造之术。在民间，先蚕之神受到人们的顶礼膜拜并相承不断。进入封建社会以后，先蚕之神的国家祭祀从简单到复杂，直至清代登峰造极，而后伴随农业时代的结束急剧衰落。

北京先蚕坛的历史见证了当年清王朝极盛到衰落的全过程，这里对于世人来说极为神秘，不仅仅因为先蚕坛半个多世纪以来不为人所知，更因为它当年主要作为女性祭祀神祇的内涵在明、清皇家祭祀文化中的独一无二。《北京先蚕坛》这本册子，对读者了解这一处富有独特文化内涵的文物古迹来说，具有十分重要的意义。

赵　迅

于南柯庭　癸巳蛇年谷雨

序言二

先农坛、先蚕坛作为皇家礼制建筑，在中国祭祀文化中占据很重要的位置。

《白虎通义》记载："古之人民，皆食禽兽肉，至于神农，人民众多，禽兽不足。于是神农因天之时，分地之利，制耒耜，教民农作，神而化之，使民宜之，故谓之神农也。"(《四库全书精品文存·白虎通义》，团结出版社 1997 年 6 月 1 版，1 次印刷，第 315 页）远古时人们称炎帝为神农，汉始称"先农"。所设祭坛为"先农坛"。汉、魏、晋、南北朝均在京都设坛祭祀先农，形成规制。唐宋之后，祭祀及设施规模逐渐扩大。元建都北京后，除在城东耤田建先农坛外，还建有先蚕坛。清乾隆九年（1744）举行了第一次清代皇后躬桑礼。

先蚕相传是黄帝轩辕的第一个妻子，即正妃嫘祖（嫘祖，传说中是黄帝轩辕氏的元妃。《史记》中提到黄帝娶西陵氏之女嫘祖为妻，她发明了养蚕，为"嫘祖始蚕"），始教民育蚕之神。周制：王后享先蚕。此后相沿由皇后主祭先蚕。《后汉书·志第四》记"是月，皇后帅公卿诸侯夫人蚕。祠先蚕，礼以少牢"。(《后汉书》，中华书局 1964 年 11 月上海第 2 次印刷，第三一一〇页）《周礼·卷七》载"中春，诏后帅外内命妇始蚕于北郊，以为祭服"。(《四库全书精品文存·周礼》，团结出版社 1997 年 6 月 1 版第 1 次印刷，第 267 页）

中国古代帝王政务活动中，祭祀为其重要项目。《尚书》云"国之大事，在祀与戎”，很明确地将帝王的祭祀活动与战事相提并论。古代帝王祭祀的内容十分广泛，从天地日月、山川海渎到人文先祖逐一祭奠。其中，农桑作为社会的基础经济命脉，则格外受到重视。由此，皇帝亲耕、皇后亲桑便成为了国家祭祀的重大活动内容之一。

亲桑，是皇后主持的祭祀蚕神的活动。据《周礼》记载，帝每年春季亲耕，后亲桑，分别祭祀先农和先蚕。每当新年伊始，帝后便为百姓作出耕织表率。自汉以后，亲耕、亲桑的礼制一直没有很大改变，纺织则以妇女为代表，所以，祭祀先蚕自然成了妇女活动之专属。

近些年来，北京古代建筑博物馆在先农历史文化研究方面有了长足的发展和进步，也取得了很大的成绩。但是，在业务研究上，如何向深度和广度发展，还需要逐渐拓展思路。就先农坛和先蚕坛而言，二者之间内在的关联性，其历史渊源、发展脉络及其历史价值和作用等均需要认真开展研究。在这一点上，陈列保管部先行了一步，他们通过努力，搜集了大量史料编著了这部《北京先蚕坛》，这是一部专门论著，对于完善和充实我馆的研究课题起到了不容小觑的引领作用。在该书即将出版之际，由我作序，甚为荣幸。

北京古代建筑博物馆馆长

2014 年 11 月

第一章
蚕与先蚕之神

一、“一妇不织或受其寒”——略说古代桑蚕养殖业与丝纺业

人类的演化史，既是一部与大自然抗争的奋斗史，也是一部逐步实现自身欲望的实践史。

人类是大自然的产物，也是大自然的宠儿。之所以是宠儿，是因为人类拥有其他物种不曾拥有的智慧。智慧的产生，得益于人类这个物种在适应大自然的过程中自身不断地演化，逐步认识自然，并根据自己的愿望不断改造自然，反之又促使自身生理机能的再次演进；得益于人类这个物种的特殊演化方式，即不断强化智力因素在与自然抗衡中的作用，用抗衡的行动促使智力产生累进式信息积累，并使其搭载在 DNA 中代代传承，后代在此基础之上再进行信息更新，并不断地补充更多的来自观察自然和抗衡自然产生的新的信息，从而更加强化遗传信息用以指导后代的行为。在人类开始演化以来的这个漫长过程中，人类对于大自然的一切认知逐步深入细化，从单纯满足获取食物，扩展到利用大自然给予的资源人为地再创造出适用的一切。对自然资源的再利用、再加工，营造生活资料，代表着人类对于大自然再认识的原初智慧的结晶。

出于生理原因使用兽皮御寒，就是人类利用自然资源营造生活资料的一个巨大进步。只不过，随着地质时代更新世的结束，人类也开始面对智力快速进化带来的负面效应：对自然资源的过度依赖和攫取，伴随全球气候的变迁和其他至今不知名原因一道，导致大规模物种灭绝，大型动物几乎在进入更新世晚期至全新世之交突然间集体灭绝（非洲大型动物灭绝的最少，南北美洲、亚洲北部、欧洲最严重），古生物学称之为第四纪生物大灭绝（作为这次灭绝的原因之一，人类难辞其咎）。人类由此面临着没有遇见过的生存危机：肉食大幅度减少，食物极度不足，御寒的兽皮随之匮乏。饥饿与寒冷，这两个本不应该出现的问题，成为人类面对的要么生存、要么灭绝的无法回避的严峻现实。

因此，远古时代远非伊甸园，虽然没有今日工业化带来的环境污染，大自然尽管处处青山碧水、鸟语花香，可是我们的祖先没有了动物性食品、没有了冬季的御寒兽皮，几近灭绝并不是危言耸听。想必，人类由蒙昧向文明进发的过程中，老祖先们经历过一个人口剧烈减少、经常忍饥挨饿，不得不四处找寻替代肉食及兽皮之物的极为艰难的时期。远古时期的中华大地也在其中，并无例外。

于是，传说中的古圣先贤出现了，他们为困苦中的先民重又燃起希望之火，带领先民迈入文明。

正如俗语所说的真理往往只掌握在少数人手中一样，我们的祖先中出现了一些善于观察世界并善于利用世界的智力超常之人。他们看到鸟类啄食草籽，于是就去品尝，感觉可以果腹，于是试着采摘一些植物种子，自己加以种植，长年累月地尽最大可能反复选种，成为产量较为稳定的粮食作物，这就形成了原始种植农业。后世所说的神农氏，就是率先培育出粮食作物老祖先的化身。农耕农业的出现，为人类彻底解决果腹问题找到了终极解决之道。

食物问题得以解决，御寒的问题自然也不会无人顾及。

从自然中发现可以作为御寒的资源，应该比选育粮食作物更为困难些，因为没有直观的形象做参照。我们设想，树叶可以串织一起形成鱼鳞状披在身上的树叶衣，一些植物的纤维可以梳理编织成絮片状材料，再串织起来形成今日麻袋状织物（关于人类如何认知、行使编织技能，推测应该来自对蜘蛛等动物的行为观察），这应该成为人类最早动手为自己织造衣物这个生活必需品的开端。也就是说，生活的现实需要，成为利用自然资源进行创造发明的直接动力。直至今天，个别地方还

苎麻

葛麻

大麻

能见到的蓑衣，实质上就是远古时代利用植物的纤维编织衣物的孑遗。

由于自然地理及气候的差异，在北方地区大陆性气候环境下，人们找到了以麻为代表的可编织的植物纤维物质，经编织后成为麻织物。

所谓麻，就是从各种麻类植物取得的纤维，包括一年生或多年生草本双子叶植物皮层的韧皮纤维和单子叶植物的叶纤维。韧皮纤维作物主要有苎麻、黄麻、青麻、大麻、亚麻、罗布麻和槿麻等。其中苎麻、亚麻、罗布麻等胞壁不木质化，纤维的粗细长短同棉相近，可做纺织原料，织成各种凉爽的细麻布、夏布，也可与棉、毛、丝或化纤混纺；黄麻、槿麻等韧皮纤维胞壁木质化，纤维短，只适宜纺制绳索和包装用麻袋等。

麻织物的好处是麻的种植简单、产量稳定，编织也不复杂。但不可否认的是，麻织物的穿着舒适度并不高，这是麻的纤维较为粗、纤维表面不光滑、纤维质感较强所致，但因其比较经济实用，所以相当长的时间里麻织物的接受度还是相当广泛，应用面也很广。

在南方，人们从观察野蚕吐丝织茧的过程，学会了养蚕取丝，利用蚕丝编织衣物的技术。丝织品以其柔软、光滑、穿着舒适度上乘，同时以其光鲜华丽、着色后炫目多彩、彰显高贵，迅速赢得人们的喜爱。受众面的不断扩大，从而导致桑蚕养殖的逐渐出现和丝纺技术的产生。

从我国的考古发现来看，有较为确凿的证据证明，中国是世界上最早开始养蚕并发明丝纺技术的国家。

1921 年，考古工作者在辽宁沙锅屯 4000 多年前的新石器时代文化遗址中，发现一个长达数寸形象类似蚕的大理石雕刻。

1927 年，山西夏县西阴村仰韶文化遗址，出土了一个被人工切掉一半的蚕茧，经专家鉴定，可能是常见的三眠蚕。

1975～1978 年，在浙江余姚河姆渡村的新石器时代遗址，发现了一批 4000 年前的纺织用具和牙质盅形器。这件盅形器周围，用阴纹清楚地雕刻着蠕动状的蚕纹，其身上的环节数历历可数，并配以编织花纹。

特别值得一提的是，1958 年在整理浙江钱山漾文化遗址时，发现了 4700 多年前的一批丝绢纺织品。其中有平纹绸片和用蚕丝结的丝带以及用蚕丝加拈而成的丝线。经科学家鉴定，平绸片长 2.4 厘米，宽 1 厘米，呈黄褐色，经密度为每厘米 52 根，纬密度为每厘米 48 根，丝带宽 5 毫米，用 16 根粗细丝线交编而成；线绳的投影宽度约为 3 毫米，用 3 根丝束合股加拈而成，蚕丝全部为家蚕丝。

这些文物的出土，证明 4700 多年前养蚕及丝纺技术已然高度成熟。这就令人信服地证明，中国的养蚕、治丝、织绸的起源，不可能晚于这个时期。

前面所说的南方，并不是我们今天所说的秦岭淮河一线以南的亚热带气候地区，而是泛指上古时期范围更

甲骨文：桑

甲骨文：蚕

甲骨文：丝

加广泛的区域。从古气候学的角度来看，全新世中经历的几次北半球温暖期，是气候明显呈温暖湿润的亚热带气候形态时期，这一时期的气候形态分布范围之广，远超出今人所能想象的范畴，如黄河流经的河南一带，就曾是大象、犀牛、麋鹿成群出没之处，甚至曾经生活过扬子鳄这种典型的亚热带动物（传说中的“三皇五帝”之一的舜帝及后世夏代孔甲之时，都有过豢龙氏替天子养龙的故事。古生物学研究证明，上古史传说的“三皇五帝”时期的黄河流域尤其是河南地区，确属亚热带气候，环境优异、林木茂盛、水源丰富，常年平均气温高于今天2℃～3℃，因而能够生活扬子鳄等亚热带动物，扬子鳄也就成为传说中龙的原型）。甲骨文中记载的商王出巡狩猎，带回的猎物中常有象牙及犀角等物。亚热带气候环境的广泛分布，成为喜暖的桑蚕生存之必要保证，加上桑树的广布，当时的秦岭淮河一线之北，远到今天的河北省北部地区、辽宁省南部中部地区，都是适宜桑蚕的分布地区。距今5000～2500年前期间，即传说中的“三皇五帝”时代到春秋时期，当时的中国处于地质学称之为第四纪冰川间冰期中的温暖期（全新世至今已有几个温暖期，以战国之前的温暖期最长关于三代以来气候的变迁，详细见竺可桢《中国近五千年来气候变迁的初步研究》）。这个时期成为中华大地各种农业生产内涵（作物品种的培育、种植技术的演进）及养殖业快速演化发展的关键时期。桑蚕的养殖自然也不例外。

桑蚕，又称家蚕，简称蚕，是以桑叶为食料的经济昆虫之一，鳞翅目，蚕蛾科，学名为Bombyx mori Linnaeus。桑蚕起源于中国，由古代栖息于桑树的原始蚕驯化而来，与中国现今食害桑树的野桑蚕同源，染色体都是28对。其吐丝结茧是一种适应自然的行为。

桑蚕是完全变态昆虫，一生经过卵、幼虫、蛹、成虫等四个形态上和生理机能上完全不同的发育阶段。卵是胚胎发生、发育形成幼虫的阶段，幼虫是摄取食物营养的生长阶段，蛹是从幼虫向成虫过渡的变态阶段，成虫是交配产卵繁殖后代的生殖阶段。桑蚕的生命期间只在幼虫时期进食，且食量巨大，为蛹和成虫期的生命活动积聚营养。

丝织品之一（战国）

丝织品之二（战国）

桑蚕属寡食性昆虫，除喜食桑叶外，也能吃柘叶、榆叶、鸦葱、蒲公英和莴苣叶等。桑叶是蚕最适合的天然食料，所必需的营养，包括蛋白质、碳水化合物、脂类、维生素、无机盐和水分等。蚕食桑叶后，幼虫生长迅速，在适宜的温度条件下，一只蚕自孵化至吐丝结茧，共需约 24 ~ 32 天，大约 6 ~ 9 天蜕一次皮。一般经四次眠和蜕皮（北方地区三次眠）。桑蚕生长到极度时，体重可增加约 1 万倍。发育的温度范围随发育时期而不同，大致在 7℃ ~ 40℃之间，能正常发育的温度范围为 20℃ ~ 30℃。

我国除桑蚕外，还有柞蚕、樟蚕、樗蚕、天蚕等。其中最重要的属柞蚕。柞蚕（AntheraeapernyiGuerin-Meneville）属大蚕蛾科 (Saturniidae)，原产山东莱州（掖县)，是仅次于桑蚕的产丝昆虫，现产于辽宁、河南等省。柞蚕的记载最早见于《尔雅》，说明柞蚕丝已作为献给天子的贡物。汉代，柞蚕养殖技术曾经由官方推广，后至清代分布到全国很多省份。其主要饲料树种是栎属 (Quercus) 各种的叶子。

我国北方地区养殖的桑蚕为三眠蚕，易于饲养，但生丝品质一般；长江以南地区养殖四眠蚕，养殖的难度

刺绣之痕（西周）

织锦之一（战国）

织锦之二（战国）

稍大，但所产生丝品质优良。

古人对养殖桑蚕、抽取蚕茧中的蚕丝，将其纺织为丝织物，也就是桑蚕养殖术和丝纺术的认识和经验总结，历经了千年。考古发现的物证证明了前述技术起源于我国，大规模普及推广应该是从商代开始。甲骨文中出现的与丝有关的文字符号约有100多个，表明蚕丝在国家的经济生活中已有不能忽视的地位。甚至可以大胆推测，商代的丝纺业就已达到使丝织品成品作为国家出口商品的水平：

殷人之王立帛牢，服牛马，以为民利，而天下化之。

——《管子·轻重戊·第八十四》

到了周代，桑蚕养殖已经广为分布，无论是周人的聚居地今陕西，还是南面的巴蜀，东面的山东（山东一度还成为北方重要的桑蚕产业发达地区），东南的湖北、湖南及至江浙，桑蚕养殖与丝纺已经成为国家的重要经济内容，这在《诗经》中有很好的反映：

七月流火，八月萑苇。蚕月条桑，取彼斧斨，以伐远扬，猗彼女桑。

七月鸣鵙，八月载绩。载玄载黄。我朱

孔阳，为公子裳。

——《诗经·国风·豳风·七月》

如贾三倍，君子是识。妇无公事，休其蚕织。

——《诗经·大雅·瞻印》

氓之蚩蚩，抱布贸丝。匪来贸丝，来即我谋。

——《诗经·国风·卫风·氓》

采桑图（战国青铜器）

采桑图（汉代画像砖）

从周代开始直至清亡，是中国古代社会桑蚕养殖业和丝纺业生机勃勃、持续发展阶段。人们不仅通过扩大养殖规模以提高产量、改进蚕丝染色技术以增加花色，还通过改变纺织中的经纬织法等措施，创造出更多的丝织品种（俗话说的绫、罗、绸、缎，指的就是多品种的丝织品），更为重要的是，桑蚕养殖中的科学养殖经验不断积累，逐步形成专门的系统理论，出现专著（早者如已失传的汉代《蚕经》，晚者如元代的《农桑辑要》）。随着养殖理论的成熟，桑蚕养殖成为中国古代大农业概念中不可或缺的重要组成。

日出东南隅，照我秦氏楼。秦氏有好女，自名为罗敷。罗敷善养蚕，采桑城南隅。青丝为笼系，桂枝为笼钩。头上倭堕髻，耳中明月珠。湘绎为下裙，紫绎为上襦。

——南朝宋《乐府诗集·陌上桑》

蚕生春三月，春桑正含绿。女儿采春桑，歌吹当春曲。

冶游采桑女，尽有芳春色。姿容应春媚，粉黛不加饰。

采桑图

蚕母像（北宋）

缫丝纺丝（宋代《耕织图》）

采桑（元代《耕织图》）

采桑

陕西民间剪纸：喂蚕

系条采春桑，采叶何纷纷。采桑不装钩，牵坏紫罗裙。
语欢稍养蚕，一头养百塸。奈当黑瘦尽，桑叶常不周。
春月采桑时，林下与欢俱。养蚕不满百，那得罗绣襦。
采桑盛阳月，绿叶何翩翩。攀条上树表，牵坏紫罗裙。
伪蚕化作茧，烂熳不成丝。徒劳无所获，养蚕持底为？

——南朝梁《采桑度》

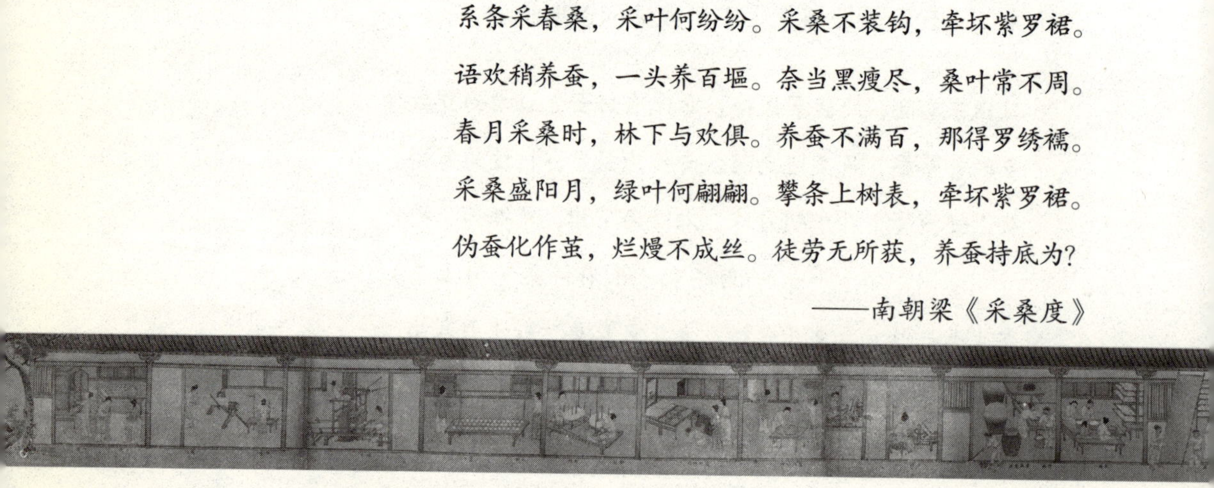

大女身为织锦户，名在县家供进薄。长头起样呈作官，闻到官家中苦难。

回花侧叶与人别，唯恐秋天丝线干。红缕葳蕤紫茸软，蝶飞参差花宛转。

——（唐）王进：《织锦曲》

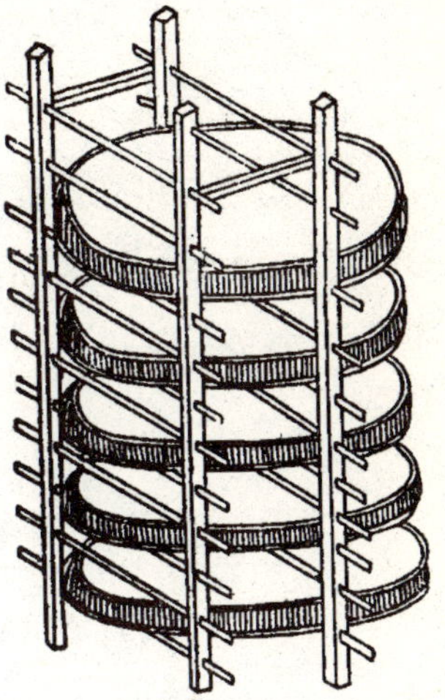

育蚕工具：蚕筐

丝织品还成为我国对外经贸交往的重要内容。众所周知的“丝绸之路”，指的就是始自汉代的以丝绸等丝纺品为主要出口货物的对外易货贸易交往，当时的起始地是汉帝国的首都长安，经河西走廊到新疆，再向西至中亚，到波斯（伊朗），经小亚细亚最终抵达罗马帝国。这一条东西交往的商路，不仅促进了经贸往来，也为东西方文化的交流搭建了重要平台。以后又出现海上的“丝绸之路”，同样是以丝纺品为重要内容的经贸交往（宋代开始，丝纺品与瓷器并重）。

在漫长的桑蚕养殖和丝纺业演化过程中，女性扮演了主要从业者的角色。华夏大地的农业生产形态中，男性主要进行耕耘稼穑，从事家庭的食物生产工作，即俗语所说的男主外；女性因生理原因体力逊于男性，因此现实而自然地扮演了女主内的角色，在养育后代操持家务的同时，比男性耕耘消耗体能相对较小的纺织，就成为女性主要的家庭生产劳动。“一夫不耕天下或受其饥，一妇不织天下或受其寒”，这种顺天应命式的男女社会

蚕织图（长卷，南宋）

经济角色分配，成为农耕农业社会的基础经济形式。从此，男耕女织成为中华农业文明之特色“小农经济”的主要内容，也成为政治上构成中国古代社会超稳定社会政治结构核心价值体现的重要内容，为历代统治阶级所大力推崇，而劝课农桑就成为统治者建设稳定社会政治秩序的首要施政选择和政治道具。

二、西陵氏嫘祖——中国古代国家祭祀的先蚕之神

作为具有5000年悠久文明历史的文明古国，中华民族的神话传说一直是世界文学宝库中的奇葩，尤其是源自远古的创世神话，以及“三皇五帝”的远古圣贤神话，描述着远古时代虽茹毛饮血但人心向善的和谐世界，也在神话中记述了先人泽被后世的丰功伟绩。通过这些神话传说，向后世传递着铭记祖先功勋、继承祖先伟业的朴素信念。因此这些神话在后世流传中被逐渐加以真实化包装，到春秋战国时，经由提倡复古、回复圣贤之道的百家之说之一的儒家的一再美化，神话与历史的界限开始逐渐模糊，出现以神话代历史的做法，自此，诸多并无实证推敲的神话人物登上历史舞台，开始扮演中华民族远古开国帝王的角色。以后的年代中，出于为历代统治者政治服务之需，又经文人之笔对这些原本为神的传说人物进行反复政治包装，因而圣贤们的伟绩不断进行文化发酵，神身而人貌、食五谷而行神迹，做着后代想也不敢想、做也未必能做的惊世之举。神化先祖，将出自布衣之手的发明创造归集于圣人之作，这是中华民族集体记忆的一种表述方式，虽经儒家政治学说改造，但朴素的原始文化内核尚存，即古人敬祀先祖、感恩先人的善良意愿。

我们知道，众多的远祖圣贤中，有识五谷、辨百草的神农氏，有以医术为民解病困的黄帝，有创造文字的仓颉，有创造干支概念以利确定方位

和时间计时的伏羲，等等。他们的所作所为，都可归结为为民生解困、开民智以利道统承续，特别是解困民生的创举。因为这些是人们最为关心的直接服务于生存的问题，这些圣贤们的传说在春秋战国以前，最迟在那时就广为流传，深为华夏民族歌颂。

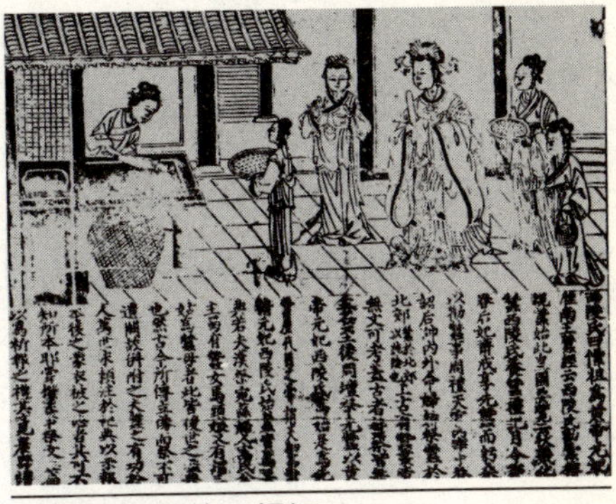
黄帝元妃西陵氏嫘祖

衣食，乃农业中的基本内涵。人们既然告别茹毛饮血，就要自食其力辨百草，找出可食用植物，加以培育改良，形成粮食作物；就要找出替代野兽皮毛的替代品，以作为衣物御寒。食物中，先后培育出稷黍菽麦稻为代表的五谷；衣料中，则充分利用自然的赐予，用麻与经人工饲养的桑蚕所吐蚕丝为基本衣料，纺织而成麻布与丝绸，丝绸因其轻薄结实、织物美观而受到人们的喜爱。

古人崇尚万物有灵，更重视对造福民生的圣贤之人的纪念。人们认为，必定有一位神祇开创了桑蚕养殖与丝纺之术，逐渐地，人们把创造丝织物的无名之氏作为圣贤之人加以崇拜，并将之称为“先蚕氏之神”，含义与先农氏、先医氏、先牧氏等先某氏一样，意即在某一行业的开创之人。

先蚕之神的祭祀在周代即已出现。周天子一家的祭祀神祇活动中，就包含王后北郊亲祀先蚕之神，行躬桑之礼（关于历代祭祀先蚕之神的流变，详见第二章，下同）。不过，自先秦文献上出现祭祀先蚕行躬桑之礼，直至南北朝时期北朝的最后一个王朝北周之前，中国历代王朝祭祀的先蚕之神均非后世明确的黄帝正妻嫘祖，而分别由西汉的“苑窳妇人、寓氏公主”，甚至由黄帝本人充当。直到北周确立先蚕祭祀制度时，后世人们所知道的嫘祖才登场，成为自北周以降1300多年的皇家祭祀之先蚕之神：

后周制：皇后乘翠辂……至蚕所，以一太牢亲祭进奠西陵氏神。

——《隋书·志第二·礼仪二》

所谓西陵氏，就是传说中作为中华民族直系祖先炎黄之一的黄帝轩辕氏正妻——西陵氏嫘祖，后人又称其为“先蚕娘娘”、“蚕神女圣”、“西陵圣母”。

三月三日半阴阳，农妇养蚕勤采桑。

桑蚕创自西陵母，穿绸勿忘养蚕娘。

——四川新津民谣

为何北周时嫘祖成为官祀先蚕之神呢？史籍没有给出答案。不过，依据历代祭祀先蚕之神的记载，推测由于南北朝时期北齐把黄帝轩辕氏作为先蚕之神加以祭祀，后人感觉让一个男性充当女红之神实在不妥，于是改由黄帝的夫人西陵氏嫘祖来充当，这样黄帝父仪天下，妻西陵氏嫘祖母仪天下，更能体现出传统世俗礼教的合理性。

《史记·五帝本纪》说，黄帝“顺天地之时，幽明之占，死生之说，存亡之难，时播百谷草木，淳（驯）化鸟兽虫蛾”，这不过是把种植百谷和驯化家禽家畜的功劳都记在黄帝名下。本来先农之神神农氏开创的种植农业，这里都张冠李戴记在黄帝头上，如果虫蛾包括桑蚕的话，那么将野桑蚕驯化成家蚕，家蚕能吐丝也就是黄帝的功劳了。《史记》的这种神话记载所包含的政治目的十分明确，也可作为将黄帝当作先蚕之神的一家之言。

此时成为先蚕之神的西陵氏嫘祖，对于人们来说其实并不陌生，因为先前的历代文献中已有描述，比如：

流沙之东，黑水之西，有朝云之国……黄帝妻雷祖，生昌意，昌意降处若水，生韩流。

——《山海经·海内经》

黄帝居轩辕之丘，而娶于西陵氏之女，是为嫘祖。嫘祖为黄帝正妃，生二子，其后皆有天下。

——《史记·五帝本纪》

古汉语中的通假字很多，嫘祖的“嫘”字出现较晚（《说文解字》未收录，证明该书成书之时尚未有“嫘”字。虽然《史记》中使用“嫘”字，但推测为后世改正之故），而使用较多的是“雷”、“累”、“傫”、“儽”，几字通用，其中“雷”字最为古老。

祀先蚕（《豳风广义》）

当代也有古文字专家推测，商周时代刻在青铜器上的金文中有疑似“嫘”之形的文字，因此，大胆推测嫘祖之说商代即已有之，此可谓一家之言。

不难看出，嫘祖不过以黄帝的正妻形象示人，根本与桑蚕或其他家蚕饲养之事无关。

但自从北周王朝将西陵氏嫘祖列为正式的官方先蚕之神加以祭祀后，北周以降的文献就陆续出现之前文献所没有的对嫘祖身世详细的描述，如：

西陵氏之女嫘祖为帝元妃，始教民育蚕。

——《通鉴外纪》

西陵氏之女嫘祖为帝元妃，始教民育蚕，治丝茧，以供衣服，而天下无皴瘃（皮肤冻裂）之患，后世祀为先蚕。

——《路史·后纪五》

这类促使嫘祖传说继续圆满、内容更加丰富的现象，一直持续到清代。这种在前代的描述上添枝加叶的做法，在史书中比较常见，应该是一个神话传说在流变中不断自我完善的过程。

围绕着嫘祖还有形形色色的传说故事，其中比较重要的是三项内容：其一，为嫘祖的故国西陵氏之地在四川、河南、湖北等地之争；其二，为嫘祖是行路之神；其三，为嫘祖是百家姓中方姓、雷姓、元姓之祖之说。这些说法有的依靠我国古代桑蚕业发端地的历史依据为证据，有的以古地名的考据为证据，有的干脆以汉以后几部古书中的描述为印证依据，且多以后人添枝加叶的记述互为印证。其实，神话就是神话，把神话当作正史加以论证已走偏颇，不如多从考古学的实证出发，对古地名的出现加以科学分析，对汉以后笔记文献注释抱以文学渲染的观点，也许能够接近历史的答案。

我们认为，所谓嫘祖始创桑蚕织作技术之说，像神农氏始创培植五谷、开辟农耕之术的传说一样，是人们怀念先祖泽被后世丰功伟绩的一种文学式的浪漫主义诠释。

正如先农之神炎帝神农氏一样，先蚕之神西陵氏嫘祖，是封建专制社会中的国家官祀之神，不是中华民族唯一的先蚕之神，或曰不是唯一的蚕神。就像农业之神还有后稷，桑蚕之神也还有马头娘之神，她在民间广为人们祭祀的程度远远超过西陵氏嫘祖，这将在最后一章中详细介绍。

黄帝元妃西陵氏（局部，日本）

1924 年韩国纯贞孝皇后尹氏亲蚕

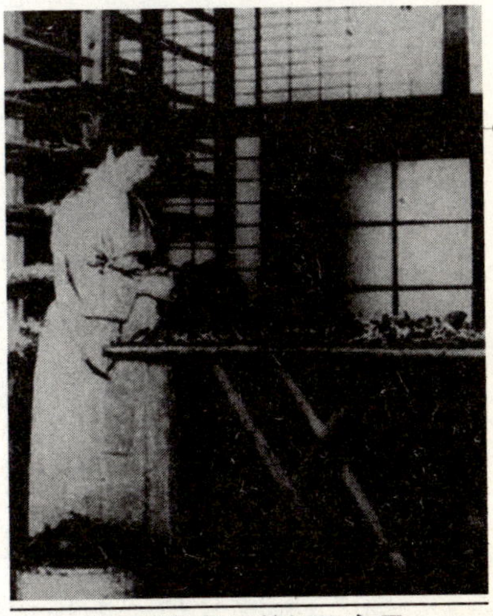

日本明仁天皇皇后美智子亲蚕

西陵氏嫘祖的祭祀，还传播到同属中华文化圈的近邻国家，如朝鲜和日本。特别是朝鲜，在相当于中国明代之时，于都城汉城的东郊按照祭祀风云雷雨山川城隍坛的规制，建造先蚕坛，“方二丈三尺，高二尺七寸，四出陛，两壝，二十五步”，仿照祭祀先农之礼祭祀先蚕之神嫘祖。所不同的是，朝鲜只行祭祀之礼，无躬桑和缫丝之礼（不过，朝鲜王朝末年废止了祭祀之礼，取而代之在王宫里进行亲蚕。1993 年，韩国在经过 85 年之后，恢复了祭祀先蚕之神的活动）。而日本的祭祀多存于民间，并逐渐本地化。

【附】嫘祖的西陵氏属地

正如中华民族中的许许多多先贤一样，西陵氏嫘祖也因传说中其始创桑蚕养殖和蚕丝织作为后人造福，为人们怀念，而引出众多生辰之地的说法。这里我们不探讨这些说法是否准确，只是大概说一下其中比较富有代表性的地点。

截至目前，在涉及嫘祖的西陵氏属地的说法中，河南西平、四川盐亭、湖北宜昌三处最具盛名。

河南西平西陵国之说

西平县位于河南中南部，位于漯河与驻马店之间。汉置西平县，从此出现西平之名，据说取“西陵于夷”之意。西平当地有着丰富的嫘祖民间传说和丰富多彩的祭祀活动。当地原有西陵亭，是传说中西陵氏的居所。新中国成立之初，西平境内计有嫘祖庙五座，称先蚕娘娘庙。目前，还遗有一座人祖庙，供奉着黄帝和嫘祖塑像。旧时，西平家家户户植桑养蚕、供奉蚕神。每年农历三月，人们举行嫘祖庙会，会期七天，唱大戏、祭祖先，人山人海，热闹非凡。据考证，“西平县民间祭祀嫘祖活动一年两次：一次在农历三月初六，纪念嫘祖冥诞；另一次在农历二十四节气中的小满节，新茧上市谢蚕神。祭祀先蚕冥诞要举行隆重的祭奠仪式，还要唱三天大戏，而小满节祭祀活动相对要简约一些，但照例唱三天大戏……老百姓成群结队赶庙会，卖蚕茧、购麦货。会上还有说书的、唱戏耍猴的、看相的、算命的、卖小吃的……祭祀、交易、娱乐，交相辉映”（高沛：《〈嫘祖祭典〉溯源》，《黄河科技大学学报》2007年3月号）。流传在西平的《嫘祖祭典》，2006年已成为河南省省级非物质文化遗产。

四川盐亭西陵国之说

盐亭县位于四川绵阳东南，亦是传说中西陵氏嫘祖的出生地与安葬

嫘祖宫（四川盐亭县）

嫘祖陵（四川盐亭县）

地。20 世纪 80 年代，盐亭出土唐开元年间盐亭人赵蕤撰写的修葺嫘轩宫碑序，碑文指出盐亭为先蚕嫘祖的衍生之地：

黄帝元妃嫘祖，生于本邑嫘祖山，殁于衡阳道，尊嘱葬于青龙之首，碑碣犹存。生前首创种桑养蚕之法，抽丝编绢之术。谏诤黄帝，旨定农桑，法制衣裳。兴嫁娶，尚礼仪，架宫室，奠国基，统一中原，弼政之功，殁世不忘，是以尊为先蚕……忆官史。据前碑所志，补建于蜀王之先祖蚕丛。后文翁治蜀，大加阔筑。历经兵燹，已三缺三圆矣。

当地传说，嫘祖出生于青龙山，因采摘桑葚时观察到桑蚕吃桑叶，吐蚕丝、结蚕茧，而后又观察到蚕茧可抽丝且丝质韧性好、可结织布匹，于是嫘祖利用认识到的自然现象，创制出养蚕和丝织。今天，盐亭留有嫘祖宫、嫘祖陵，民间祭祀嫘祖之风更是流传已久。每年正月初八蚕过年，二月初十庆嫘祖生日，蚕家要进香朝拜、挂红、抬大蜡烛、奏鼓乐、放鞭炮、耍狮子、舞蚕龙、唱大戏，以及献包面、奉红苕、上清油、供小鞋等地方特色活动。

舞蚕龙是盐亭独特的民间祭祀嫘祖的民俗活动。蚕龙长约二丈余，由白色绸缎精缝而成。蚕头硕大如锅盖，蚕身修长如蚕纹。蚕龙由八位青年妇女舞动，舞龙妇女一律足穿厚底短扣靴子，身穿绿色衣服。舞龙时，妇女一字长蛇阵排开，伴随着威风锣鼓，踏着节奏，时而跳跃腾挪，时而此起彼伏，时而盘旋缠绕，时而狂奔如脱兔，时而静立如处子，蚕龙舞得栩栩如生。

盐亭“蚕丝祖神传说（嫘祖传说）”，2007年已成为四川省省级非物质文化遗产。

湖北宜昌西陵国之说

三处嫘祖的西陵国传说中，湖北宜昌直接有力证据较前两处为少，主要依据是这里的长江三峡之一的西陵峡，以地名为考证依据。

当地的民俗是：西陵峡口的西陵山神庙，每年农历三月十五要做盛大的嫘祖会。西陵山神庙每年要做三个盛会，其一为农历正月初九的黄帝诞辰，其二为三月十五嫘祖娘娘诞辰，其三为农历四月十八至二十日的“眼光会”。其中第三个盛会特别隆重，是当地女性的最爱，传说诚心做了这个盛会，嫘祖娘娘就会赐予女性美丽的容貌和灵巧的双手，为此当地女性不惜一切地前来参与，甚至动用私房钱买香纸焚烧祈祷。据说当年的盛会盛况空前，活动多日不绝。

近年来，当地的人们为了纪念先蚕西陵氏嫘祖，于西陵峡口建立起宏伟高大的嫘祖庙，内塑嫘祖娘娘神像，以供人们祭典。

第二章 亲桑享先蚕：先蚕之神的国家祭祀

一、明代以前先蚕之神国家祭祀的演变

中国古代的每一个神衹，都有其漫长的产生发展之路。无论是对自然神衹的崇拜，还是对古圣先贤的敬祀，除了人们出于功利的考虑，还掺杂着对自然的畏惧。这也符合人类演化发展的规律，即对自然由害怕到敬服，再由长期观察总结出认知规律后，最终变为试图掌控自然，也就是试图使自然为人所用。人类就是这样一步步向未知领域求索，当然也在不自觉中扮演着本应是造物主该扮演的角色。

先蚕之神和众多中国古代神衹一样，起源于对朴素生活的认知，上升于日后的社会政治活动。我们从浩如烟海的古籍中，力图厘清先蚕之神的产生演变路径，以及她是如何在中国古代国家层面进行祭祀的。

我们知道，越是远古的社会，统治者的日常政治生活越是加大区别于后世的政治繁复，较为接近人类早期生活的本源目的。古人说“国之大事，惟祀与戎”，已经十分明确了人类社会早期政治生活的核心，即对外征战与祭祀神祇。作为神祇之一的先蚕之神，在国家的政治生活中享有一席之地是顺理成章之事。

据史书记载，在成为日后2000多年历代典章效法的周代，祭祀先蚕之神就已列入国家典章活动，成为先蚕之神国家祭祀的发端。我们沿着史书的记载描述，一直下沿到后世的元代，大致将这一历史阶段的先蚕之神国家祭祀予以还原。

周　代

贞元示（qí）五牛，蚕示三牛，十三月。

这是商代甲骨文献中记载卜示祀蚕之事的一条重要的卜辞（胡厚宣：《殷代的蚕桑和丝织》，《文物》1972第11期），说明早在殷商时期对于蚕事已有祭祀活动。

众所周知，周代因其完善的国家典章制度，特别是对神祇的国家祭祀制度，成为周以降，尤其是西汉独尊儒术后儒家大力提倡的礼法根源。史书上说，周代天子（帝）亲耕耤田，将收获的谷物作为向宗庙等庙宇神祇供奉的祭品；王后（后）亲蚕，将丝织品作为祭祀宗庙等庙宇神祇时穿着祭服的衣料（天子亲耕以供粢盛，王后亲蚕以供祭服）。应该说，周代在商代只有祭祀之事而无祭祀典章的基础上有了质的飞跃。

仲春，诏后率内外命妇，始祭于北郊。

——《周礼·天官·内宰》

天子诸侯，必有公桑蚕室，就川而为之。大昕之朝，夫人浴种于川。

——《尚书·大传》

命野虞无伐桑柘。鸣鸠拂其羽，戴胜降于桑，具曲植蘧筐。后妃齐戒，亲东乡，躬桑。禁妇女毋观，省妇使，以劝蚕事。蚕事既登，分茧称丝效功，以共郊庙之服。

——《礼记·月令》

古者天子诸侯，必有公桑、蚕室，近川而为之。

——《礼记·祭义》

王后蚕于北郊，以供纯服；夫人蚕于北郊，以供冕服。

——《礼记·祭统》

这里所说的亲蚕具体包括以下内容：

首先，天子、王后与诸侯、公卿的夫人们都有作为代表国家进行活动的场所“公桑蚕室”，在国家公有土地“公田”（也简称“田”）上种植的桑树林附近建亲蚕活动设施；地点选在都城的北郊（古人将男性定义为阳，女性定义为阴，所以男性的亲耕之礼在正位为阳的南郊举行，女性的亲蚕之礼在非正位为阴的北郊举行）靠近有河流湖泊的近水之处，便于洗涤“蚕种”（蚕茧）；“公桑蚕室”外要有“仞有三尺”的宫墙围绕（周代，一尺合今 0.231 米，又或理解为宫墙高为一仞又三尺。周制一仞八尺，即宫墙高十一尺），墙上还要植上荆棘之类的植物（因蚕室是女性活动场所，墙上植有刺的植物预防异性进入）；时间选在“季春吉巳”日，也就是每年农历三月中的一个天干吉祥、地支为“巳”的吉日；参与人员为王后及三公九卿的夫人们以及民间熟练的蚕工、蚕母等；仪式分祭神与躬桑两部分，仪式前斋戒以示虔诚。

其次，大致仪程是：亲蚕当天，王后先是祭神，然后躬桑，即按照天子亲耕“三推”的做法，亲自摘三片桑树叶放在框中，三公九卿的夫人们依次摘下五片、九片桑叶放入框中，然后再按三、五、九之数选蚕种交给蚕工进行洗蚕种。

再次，作为补充的相关祭祀措施，命令山林管理机构在养蚕吐丝的相关月份禁止砍伐桑树，以保证桑蚕的食物供给；同时，命令整修蚕事用具、工具，以确保蚕事的顺利进行。

王后的亲蚕之仪，涵盖祭神与躬桑两个重要内容。全部过程中，以躬桑最为体现出“以为祭服”的核心目的，并借此向天下人宣示蚕事的重要性，达到给天下人做出表率的初衷。

可以看出，平民百姓男耕女织的社会经济生活特性，在周的天子之家不仅同样存在，而且更具重要性、更具象征性。重要性在于，统治者既要代表自己敬奉神祇“为祀重”，还要为天下人做出表率，父仪天下、母仪天下，既然天下是自家的，天子王后也就是天下人的政治父母，因此给大家做出积极的榜样不容推脱。象征性在于尊为天子之家不可能等同于寻常百姓，因此天子推耕三趟木犁、王后摘取三片桑叶加上再选三粒蚕种，意思意思也就达到目的了。从根本上讲，王后的亲蚕之仪与天子的亲耕之仪政治意义大于实际意义。

从此以后，亲蚕之礼就成为后世儒家提倡的一项国之大礼，它与亲耕之礼一并成为日后中国农业社会封建专制国家的重要典章。周代的亲蚕之礼，虽史书上没有明确记载具体哪位周之王后亲行过，但因其出自后世儒家经典《礼记》所讲述，一样使人坚信不疑亲蚕之礼是周王室所创。周制中所确定的亲蚕日期、选址、设施要求、人员构成，以及“三、五、九”之数的应用，成为后世依行的制度参照，个别朝代虽有更改，但总体上是遵照周礼之制。

不过，这时的先蚕之神没有具体所指，应该是只祭名为先蚕的神祇。

两汉时期

西汉与周代一样，史书上没有具体的亲蚕记载，只记有制度。

春正月丁亥，诏曰：夫农天下之本也，其开耤田。朕亲率耕以给宗庙粢盛。十三年春二月甲寅，诏曰：朕亲率天下农耕以供粢盛，皇后亲桑以奉祭服，其具礼仪。

——《汉书·文帝纪第四》

西汉时，亲蚕之仪的主要内容包括：所祭的先蚕之神有了名称，但分为两个神祇加以分别祭祀（苑窳（yǔ）妇人、寓氏公主。）；祭神与躬桑分于两地进行，祭神于都城东郊（五行中东为木，主青，代表生命），躬桑于禁苑之中，祭祀使用的祭品为羊与猪（猪在古汉语中称豕）；出现了先蚕坛、采桑台，其中先蚕坛高一丈，方二丈，四出陛；躬桑活动完成后，奖给参与活动者蚕丝。

东汉与西汉区别的是，特别强调了皇后的活动仪仗（如乘鸾辂，青羽盖，驾四马），明确了皇家祭祀的威仪；设置了管理亲蚕之仪相关事项的官员“蚕宫令、丞”（《文献通考·郊社考二十·亲蚕祭先蚕》），对先蚕之神的祭祀等级未做改变。

有意思的是，东汉祭祀的神祇又改回先蚕之称。

同时，史书上也出现了有确切纪年的官祀先蚕之神记载：

（明帝永平二年三月）是月，皇后帅公卿诸侯夫人蚕。祠先蚕，礼以少牢。

——《后汉书·志第四·礼仪上》

汉明帝永平二年为公元59年，这一年成为中国历史上有文献纪年记载官祀先蚕之神的第一次。

两汉时期的亲蚕之仪，起到沿袭周制并为汉以降亲蚕之制的演变定型完成过渡的作用。虽然汉代距周代接近，但因中间历经战国的战乱“礼崩乐坏”及秦代的礼法弛废，完全照搬周制有相当的难度。

需要说明的是，西汉祭祀的先蚕之神“苑窳妇人、寓氏公主”，仅于此时出现过，这两位神祇成为历史上官祀先蚕之神中的特例。

于时明庶扇物，鸟帑昏正，躬耕帝藉，迈德班令，嘉柔桑之肇敷，思郊庙之至敬，命皇后以亲蚕，俾躬桑于外垌，考时日于巫咸，诏太卜以献祯，御坤德之大辂，翳翠葆以扬旌，尔乃皇英参乘，涂山奉舆，总姜任于后陈，载樊卫于贰车，千乘隐其雷动，万骑粲以星敷，启前路于三官，命蚩尤而清衢，游青虬于左角，步素螭于右隅，登崇坛而正位，觌休气于朝阳，步雕辇而下降。手柔条於公桑，嫔妾肃以莅事，职蚕植而承筐，供副袆之六服，昭孝敬于蒸尝，盛华礼于中宇，神化驰于八方，乃延群妾，宴赐于前，降至贵以逮下，布恺悌之渥恩，礼仪备序，巾车回辕，班中黄之禁财，散束帛之戋戋，神泽霈以雨施，洪惠播于无原，同硕庆于生民，发三灵之永欢，苞繁祜于万国，卷福厘以言旋，美休祚于亿载，岂百世之曾元。

——（汉）魏韦诞：《皇后亲蚕颂》

魏晋南北朝时期

这一时期，亲蚕之仪的演变出现了成为后世最终规制的变化，即祭神躬桑设施的成型完备、祭祀议程的繁复完善。最为重要的就是将原本与蚕事无干系的传说中的黄帝及黄帝之妻西陵氏嫘祖先后转换为官方认可的先蚕之神（黄帝只历北齐一代），正式开启了西陵氏嫘祖的官祀历史。

这一时期亲蚕的记载有：

（魏）文帝黄初七年命中宫蚕于北郊。

——《晋书·志第九·礼上》

晋武帝太康六年，蚕于西郊。

——《文献通考·郊社考二十·亲蚕祭先蚕》

（宋孝武帝）大明四年三月甲申，皇后亲蚕于西郊。

——《宋书·本纪第六·孝武帝》

（北齐）于京城北设蚕坊，皇后行先蚕礼。

——《隋书·志第二·礼仪二》

三国魏的亲蚕应该是遵从了周制，亲蚕地点重新回到北郊。

晋代亲蚕之礼的恢复，是依周代帝耕耤、后蚕桑的古礼对于帝王社稷乾坤之道的重要性而行的。太康六年（285年）有人奏晋武帝司马炎“今陛下以圣明至仁修先王之绪、皇后体资生之德合配乾之义，而坤道未光蚕礼尚缺”（《晋书·志第九·礼上》），要求恢复先蚕之礼。但晋的先蚕之礼可以说比较特立独行。首先，亲蚕地点的选择既没有遵循周之古礼选在北郊，也未尊从汉制于东郊，而是选在西郊。《文献通考》说其选在西郊“盖与耤田对其方也”，为的是与东郊的耤田相对。另一说是因为晋从三国吴的做法，但史书中对三国吴是否行亲蚕之礼并无明确记载，只从三国吴韦昭的《西蚕颂》认为吴曾于西郊亲蚕。其次，蚕坛及采桑台的规制却仍沿用汉制，即先蚕坛高一丈，方二丈，四出陛。第三，躬桑之三、五、九之数袭周制。第四，出行卤簿仿汉魏之制，“衣青衣、乘油画云母安车、驾六騩马”（《文献通考·郊社考二十·亲蚕祭先蚕》）。晋代虽仅进行过一次亲蚕之礼，但对活动的重视程度可说是博采历代之长，可以想象当年是何等盛况。

南朝宋沿用了晋代制度，没做调整。宋孝武帝大明三年（459年）下诏，要求于大明四年六宫实行亲桑之礼，“宋孝武大明四年，始于台城西白石里为蚕所，设兆域，置大殿，又立蚕观”（《宋书·本纪第六·孝武帝》），虽然划定祭祀蚕神的活动范围并建造了设施，却“其礼皆循晋氏”，不过是前晋的礼仪继续。

史书中虽未记载北齐高氏王朝亲蚕的具体事例，但对高氏王朝的亲蚕制度有着较为详细描述，与皇帝亲耕一样，可以看出北齐政权对于耕、蚕二礼制度的重视较其他政权更为到位。具体来看，大致有以下内容（《隋书·志第二·礼仪二》）：

蚕坊位于京城邺城西北方，距皇宫18里外，这个方位与位于城东南皇帝行亲耕之礼的耤田南北相对。

亲蚕设施的布局及建制：蚕宫方90步（五尺为一步），墙高一丈五尺（北齐一尺合今0.2997米），上被以棘。内有蚕室27间，桑台方二丈，高四尺，四出陛；先蚕坛方二丈，高五尺，四出陛。外围总长40步，四面各一门。

祭祀日期：每岁季春（三月）的雨后吉日。

祭祀等级、陈设：如祀先农，用太牢（牛、羊、猪各一头）。

皇后仪仗等：法驾、服鞠衣、乘重翟。

祭祀对象：黄帝轩辕氏，无配位。

由太监充任蚕坛的管理官员蚕宫令、丞。

躬桑之数为三、五、七、九，皇后为三，命妇中服鞠衣者五、展衣者七、椽衣者九。

礼毕，设劳酒，赏赐随从。

按史书记载，北齐高氏政权是一个短命且极度荒淫无道的朝代。虽然仁政不施，但对于处于胡汉交融大时代环境下的一个近于汉化的少数民族政权来说，努力采用汉法以维护统治秩序是明智选择。从文献记载上看，北齐政权将周制、晋制的亲蚕之制（特别是其中的西方亲蚕）融会贯通，为后代实施亲蚕之礼留下了较为全备的可以依循的参照。

值得一提的是，把一个男性（黄帝轩辕氏）作为先蚕之神，而古时男性又不进行女红之责，这种违背传统男耕女织社会分工且自相矛盾的神祇祭祀，历史上恐怕绝无仅有。黄帝轩辕氏作为官方先蚕之神面目出现，仅此一回。民间的先蚕之神祭祀中，黄帝轩辕氏也极少出现。

重翟（chóng dí）：古代王后祭祀时乘坐的车子。《周礼·春官·巾车》记载："王后之五輅，重翟，钖面朱总。"郑玄注："重翟，重翟雉之羽也……后从王祭祀所乘。"贾公彦疏："凡言翟者，皆谓翟鸟之羽，以为两旁之蔽。言重翟者，皆二重为之。"

鞠衣：古代王后六服之一，九嫔及卿妻亦服之。其色如桑叶始生，又谓黄桑服，春时服之。《周礼·天官·内司服》："掌王后之六服：袆衣、揄狄、阙狄、鞠衣、展衣、缘衣，素沙。"汉郑玄注："鞠衣，黄桑服也，色如鞠尘，象桑叶始生。"《礼·月令》季春之月："天子乃荐鞠衣于先帝。"亦为诸侯之妻从夫助君祭宗庙的祭服。

展衣：古代王后六服之一。白色，用以朝见皇帝和接见宾客，又为世妇和卿大夫妻的礼服。《周礼·丧大记》作"襢衣"。展，通"襢"。郑玄注："郑司农云：'展衣，白衣也。'……以礼见王及宾客之服。"一说展衣色赤。

褖（tuàn）衣：古代王后六服之一，亦作"缘衣"。郑玄注："此缘衣者实作褖衣也。褖衣，御于王之服，亦以燕居。"《礼·玉藻》："再命袆衣，一命襢衣，士褖衣。"因此也指卿大夫等士妻的命服。

先蚕坛（景印《文渊阁四库全书·农书》）

鞠衣（《新定三礼图》）

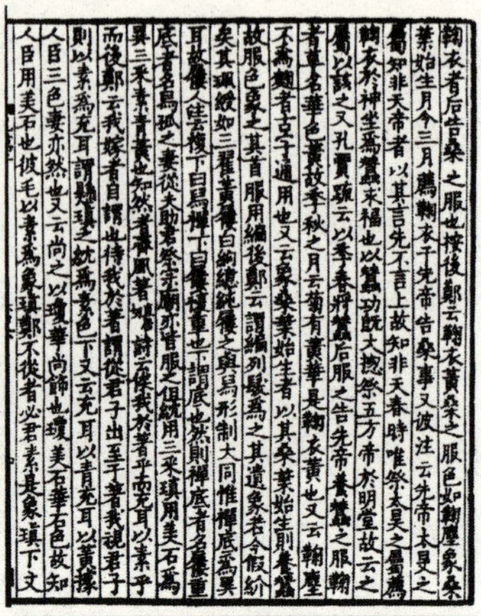
鞠衣者后告桑之服也按後鄭云鞠衣黄桑之服色如鞠塵象桑
葉始生月令三月薦鞠衣于先帝告桑事又彼注云先帝太昊之
屬知非天帝者以其言先不言上故知非天春時唯祭太昊之屬爲
鞠衣於神坐爲蠶求福也以蠶功既大總祭五方帝於明堂故云之
屬以該之又孔賈疏云以季春將蠶后服之告先帝養蠶之服鞠
者草名華色黄故季秋之月云鞠有黄華是鞠衣黄也又云鞠塵
不爲麴者古字通用也又云象桑葉始生者以其桑葉始生則養蠶
故服色象之其首服用編後鄭云謂編列髮爲之其遺象若今假紒
矣其珮綬如三翟黄韠白絇繶純屨之與舄形制大同惟禪底爲異
耳故釋人注云複下曰舄禪下曰屨複猶重也謂底也然則禪底者名屨重
底者名舄孤之妻從夫助君祭宗廟亦皆服之但統用三采瑱用美石爲
異三采素青黄也知然者詩風著云俟我於著乎而充耳以素乎
而後鄭云我嫁者自謂也待我於著謂從君子出至于著我視君子
則以素爲充耳謂懸瑱之紞爲素色下又云充耳以青充耳以黄據
人臣三色妻亦然也又云尚之以瓊華尚飾也瓊美石華石色故知
人臣用美石也彼毛以素爲象瑱鄭不從者必君素是象瑱下文

鞠衣的记载（《新定三礼图》）

魏晋南北朝时期亲蚕之礼的最大举动，就是于北周时在制度上明确了西陵氏嫘祖为国家祀典中正式的先蚕之神：

后周制：皇后乘翠辂……至蚕所，以一太牢亲祭进奠西陵氏神。礼毕，降坛，昭化嫔亚献、淑嫔终献，因以公桑焉。

——《隋书·志第二·礼仪二》

从此，传说中的神话人物、作为中国古代大一统皇权专制政治最高化身的黄帝轩辕氏一家登上了先蚕之神的宝座，黄帝正房妻西陵氏嫘祖摇身成为日后1300多年中国家祀奠的先蚕之神。她的祀奠等级和规模与作为中华民族农业之神的先农炎帝神农氏近似，到晚期干脆就是照搬先农之礼，只不过换个神牌。先蚕之神的最终明确，为这尊神祇在中国文化中的定位提供了最终依据，更使传说中的民族祖先黄帝继续进行全能式的政治发酵，自然他的夫人也沾荣光，不仅成为政治核心、精神崇拜核心，也成为统治者向广大人民宣扬道统合法性、正确性的依据。

隋唐时期

下明诏，颁旧章。振穷乏，散敖仓。毁玉沉珠，卑宫颓墙。使山泽无间，往来相望。帝躬乎天田，后亲于郊桑。弃末返本，人和时康。

——（唐）李白：《明堂赋》

隋代与唐代在历史上虽说常常并列提起，唐的政治制度各方面包括典章在内虽多效仿隋制，但隋的亲蚕之礼仍与之前南北朝历代做法一样仿晋制，史书上讲隋“先蚕坛于宫北三里为坛，高四尺。季春上巳，皇后行先蚕礼”，“服鞠衣，以一太牢、制币，祭先蚕于坛上”，除了将晋制蚕坛设于西方改回周制设于北方，其余仍旧多依照晋制，不过是稍有增减（自齐及周隋，其典法多依晋仪，亦时有损益。——《隋书·志第二·礼仪二》），因此隋制仍可看成是一种过渡。

唐代，亲蚕之礼发生了与晋代之制同等重要的重大变化，这一点与皇帝亲耕之礼的变化性质相同。唐初，在礼法上实行皇帝与大臣就事议事的原则，并没有形成明确制度。到唐玄宗李隆基开元之时，才最终形成完备的各项制度，其中也包括皇后亲蚕之制。《大唐开元礼》中，像记载皇帝亲耕之制一样，详细地记载了皇后的亲蚕之制（皇后季春吉巳享先蚕仪），这些制度归纳起来有以下几个方面：

祭祀日期。明确规定为季春吉巳日，也就是周代所定农历三月天干属吉的巳日。

祀前斋戒。一共斋戒五日，其中散斋三日、致斋二日。其中，致斋于皇后寝宫正殿内进行，散斋于后殿内进行。至于其他陪祀官员，散斋则在家，致斋的第一天在家，第二天在蚕坛。六尚、命妇人等也要与各自住所斋戒。斋戒，是古人敬神祭祀前的一种礼仪，也是一种身心上的准备工作，表示隆重诚敬的意思。斋戒时，主祭人要事先数日沐浴、更衣、戒酒、用素食等，以使心地纯一，无杂念，诚恳恭敬，不怠慢。除了祭祀外，有时遇到重大事件也要进行斋戒。斋戒可分为“斋”与“戒”两个部分。“斋”，又称为致斋；“戒”，又叫作散斋。《礼记·坊记》中说“七日戒，三日斋”，具体说出了斋戒的时间。一般来说，致斋宿于内室中，散斋宿于外室里。古代天子或诸侯主要的居宿地叫作“正寝”，里面还有内室。他们平时居宿于“正寝”，不遇到重大的事情，是不宿于外的。“散斋于外”，是因为国家有了大事。国君要不是致斋或患病，也不会昼夜居于内的。“致斋于内”，是因为要斋戒独居。致斋时一般在正寝，散斋时，要在正寝之外的室内居住。《礼记·檀弓》中说“君子非有大故不宿于外；非致斋也，非疾也，不昼夜居于内”，就是这个意思。

六尚，古代官职名、官署名。“尚”是掌管帝王之物的意思。战国时已有尚衣、尚冠等官。秦有六尚，即尚冠、尚衣、尚食、尚沐、尚席、尚书。汉初仍之。后尚书渐为执政要员，余五尚之职分由人他官所掌。隋文帝始在内廷设女官六尚，即尚宫、尚仪、尚服、尚食、尚寝、尚工，各三人，相当于从九品。隋炀帝大加扩充，依外廷尚书省，设女官局二十四司，将外廷门下省所辖的殿内局，扩建为殿内省，辖尚食、尚药、尚衣、尚舍、尚乘、尚辇六局，亦称六尚。各局设奉御（正五品）、直长（正七品）等员。唐依隋制。

祭祀陈设。主要涉及为参加亲桑活动诸人明确各司其职的工作位置。

按祭祀工作的程序分成四步：祀前第三天，设置祭祀用帷幔。祀前第二天，设置雅乐乐悬，摆好位置，建造采桑台（在先蚕神坛南二十步，方三丈，高五尺，四出陛）。祀前第一天，划定参加祭祀人等各司其职的工作位置，如皇后在先蚕神坛上的御位、望瘗位、皇后在采桑台上的御采桑位、命妇采桑位，等等。祭祀当天，天亮前的十五刻宰牲（唐代，作为时间计量单位的一刻，是以一个时辰分五刻计算的，所以唐的一刻约等于24分钟，十五刻就是6小时），以豆取毛血，马上开始烹煮牺牲（当时没有固定的神厨建筑，只是在先蚕神坛的东方设一座临时帷幔充当神厨）；天亮前的五刻（两小时），有司于先蚕神坛上摆设先蚕氏神牌，南向。

皇后车驾出宫。祭祀活动前一天的晚上，有司就把部分活动参与者（外命妇）进行召集，带好各自活动道具。活动当天天亮前的四刻（九十六分钟），命妇等这些低层次的活动人员就进入现场以南，更换服装，各执器具（钩、筐）。从三刻到活动正式开始，每一刻有司各捶一遍鼓，以示提醒。到皇后出宫时，主要以六尚和内命妇迎奉皇后，皇后服鞠衣，乘车而不鸣鼓乐前往先蚕神坛。

祭祀。祭祀当天的仪程繁复，主要由三献、三拜组成，其间分别奏《永和之乐》、《正和之乐》、《肃和之乐》、《雍和之乐》、《寿和之乐》、经进酒、献胙等项，止于奠瘗。祝文：

维某年岁次月朔日，子皇后某氏，敢昭告于先蚕氏：惟神肇兴蚕织，功济黔黎，爰择嘉时，式遵令典。谨以制币、牺齐、粢盛、庶品，明荐于神。尚飨。

皇后亲桑。唐代采桑之数沿袭传统，为三、五、九之制。皇后采三片桑叶，器具交尚宫。参与五、九采桑之数的，是内外命妇（一品各两人，二品及三品各一人），因此一品命妇各采五片，二品及三品命妇各采九片。桑叶交蚕母，蚕母将桑叶切开，交给一名由司宾领入蚕室的婕妤喂食桑蚕。

婕妤，古时皇帝后妃中的一个等级。唐代的规定是：贵妃、淑妃、贤妃、德妃、惠妃为夫人，昭仪、昭容、昭媛、修仪、修容、修媛、充仪、充容、充媛为九嫔（以上各一人），婕妤、美人、才人各九人，为二十七世妇，宝林、御女、采女各二十七人为八十一御妻。

皇后车驾回宫。与出宫时相对，距活动结束三刻到正式结束，每一刻有司各捶一遍鼓，以示提醒。皇后车驾起程时金鼓齐鸣，内命妇像来时一样陪同皇后还宫，而外命妇在有司引导下则各自回家。

劳酒。也就是犒赏。皇后于回到皇宫的第二天，在自己的寝宫正殿摆酒犒赏昨日随从进行亲蚕活动的内外命妇。

综上所述，唐代对于先蚕之礼的制度制定，较先前历代都有了更为正规严格的规定，除了依周制为制度制定基本原则外，各项议程的细节在历史上第一次达到极为繁复的程度，明显看出唐的统治者试图依据亲蚕之礼的完备，来达到以礼仪教化民众的强烈愿望，这与唐代皇帝的亲耕之礼在《大唐开元礼》中的体现是相同的。男耕女织的农业社会传统，在唐代以国家制度的形式得以充分的肯定，其仪程细节成为唐以后历代制度效法的首选依据。

饶有趣味的是，从《大唐开元礼》的记载中，我们得知参与皇后亲蚕活动的主要随从人员，其实就是皇后周边的后宫嫔妃及宫中女官，国家三省六部之类的品官没有出现，这不能不说亲蚕之礼的活动人员构成体现出该活动在国家政治生活中的真正地位，实质上比同为农之根本的皇帝亲耕之礼要低得多，可以看成亲耕之礼的陪衬，更可看成是“家天下”统治观念中富于“家”之特性的祭祀活动代表。

唐代，也是中国古代官方祭祀先蚕之神次数最多的朝代之一，共计八次（仅次于清代），史书上的记载从早期到中期都有体现，以唐高宗李治在位为频繁，晚期亲蚕事例未见记载，应该是已经废弛：

> 太宗贞观九年三月，文德皇后率内外命妇，有事于先蚕。
>
> 高宗永徽三年三月，制以先蚕为中祠。
>
> 显庆元年三月，皇后有事于先蚕。
>
> 总章二年三月，皇后亲祠先蚕。
>
> 咸亨五年三月，皇后亲祠先蚕。
>
> 上元二年三月，皇后亲祠先蚕。
>
> 玄宗先天二年三月，皇后亲祠先蚕。
>
> 肃宗乾元二年三月，皇后祠先蚕于苑中。
>
> ——《文献通考·郊社考二十·亲蚕祭先蚕》

重点说明的是，唐代皇后亲桑之礼与之前历代最大不同，就是将周制的皇后北郊亲桑，改为在皇家禁苑中亲桑，“唐先蚕坛在长安宫北苑中，高四尺，周回三十步”（《文献通考·郊社考二十·亲蚕祭先蚕》）。这一制度的改变，表面上说皇后身为一国之母，频出郊外多有不便，众嫔妃为皇帝家室，更不能随意示人，实质上如前所述，是封建皇帝将女性主导的皇后亲桑之礼完全看成家之祭祀，因此可以在自家进行，只不过在祭祀仪式上参照祭祀先农之礼的官祭排场罢了。这一做法，对后代，尤其是清代的先蚕祭祀之制有直接的影响。

织妇何太忙，蚕经三卧行欲老。
蚕神女圣早成丝，今年丝税抽征早。
早征非是官人恶，去岁官家事戎索。
征人战苦束刀疮，主将勋高换罗幕。
缫丝织帛犹努力，变缉撩机苦难织。
东家头白双女儿，为解挑纹嫁不得。
檐前袅袅游丝上，上有蜘蛛巧来往。
羡他虫豸解缘天，能向虚空织罗网。

——（唐）元稹：《织妇词》

宋元时期

宋代是一个农桑典章有制无行的时代。说其有制，也不过是进行过几次朝廷官员建议恢复皇后亲桑之礼的进言，亲桑之礼就这样一直在讨论一定制一再讨论一再定制中原地打转，其遵循的古礼摇摆不定，如宋真宗景德三年（1006年），真宗想恢复先蚕之礼，先是大臣陈述一遍先蚕之礼的重要性，建议依从祭祀先农的制度，而后负责祭祀事物的太常礼官又建议对唐制改弦更张，不用唐制而退回到北齐的祭祀制度，不仅如此，还别出心裁地建议真宗把新的先蚕坛建造在都城东郊，“请筑先蚕坛于东郊，从桑生之义”。这种想法的出发点与当年唐太宗李世民不从礼官建议南郊亲耕而改为东郊亲耕以迎东方主青之“生”气理由相同。到神宗元丰四年（1081年），前代的祭祀定制未见施行，这时又起更改，在礼官建议下，又改回周代北郊亲蚕之制。制度改了，但实际上仍未见亲蚕之礼的实行。

一直到宋徽宗时期，北宋开国已150余年，摇摆不定的亲蚕之礼还在讨论，从记载中可以看出，至少到宋徽宗政和元年（1111年）四月，北宋政权的先蚕祭祀竟然连公桑蚕室、亲蚕殿等先蚕坛基本礼制建筑都未建造，应该只有先蚕神坛（庆历用羊、豕各一，摄事献官太尉、太常、光禄卿，不用乐。——《宋史·志第五十五·礼五》）。为此，宋徽宗赵佶召集大臣又对蚕坛的规制、方位等技术细节喋喋不休地讨论，这一次讨论的结果虽然仍未完全照搬施行，不过北宋朝廷终于进行了两次皇后亲蚕之礼，也算是对开国以来论而不行式的纸上谈兵有了一个交代：

> 宣和元年三月，皇后亲蚕于延福宫。
>
> 六年闰三月，皇后亲蚕。
>
> ——《文献通考·郊社考二十·亲蚕祭先蚕》

宋徽宗宣和元年与宣和六年分别是1119年、1124年，皇后终于能够在禁苑中亲行母仪天下之责，进行险些荒废的亲蚕之礼，此时，距离羸弱的北宋王朝灭亡仅剩三年。

至于南宋，外辱不断而内政不修，一个毫无民族气概的朝廷在苟延残喘中惶惶不可终日地度过了152年，中华民族之羸弱的文化劣根性体现无遗。一个人胸无大志是小，一个国家国无大志、只求苟安，只能带来民族精神上的萎靡不振和扭曲变态。南宋的开国昏君高宗赵构只求偏安，除了对大臣装模作样以“朕已在宫中养蚕……可少知女工之艰辛”敷衍外，恢复亲蚕之礼不了了之，直至南宋灭亡。

作为历史上号称倡行汉家礼法的南北两宋，以延续319年之久只进行区区两次皇后亲蚕之礼（庆历年间的献祭只为官员代祭，非皇后亲蚕），载入不光彩的历史。

元代作为中国历史上一个典型的少数民族入主中原的政权，起初蔑视汉家礼法。随着元代统治者分而治之理念的确立，认识到以汉家礼法治汉对巩固统治的重要性，于是逐步从统治阶层开始恢复以亲耕享先农、亲桑享先蚕为代表的汉家典章，以元世祖带头亲耕为始，终于在开国30多年后确立农桑祭享的国家制度：

武宗至大三年夏四月，从大司农请，建农、蚕二坛。博士议：二坛之式与社稷同，纵广一十步，高五尺，四出陛，外壝相去二十五步，每方有棂星门。今先农、先蚕坛位在籍田内，若立外壝，恐妨千亩，其外壝勿筑。

——《元史·志第二十七·祭祀五》

元武宗至大三年（1310年），元武宗采纳大司农的建议，建立了元代的先农坛、先蚕坛，二坛不设围墙，均建在皇帝的亲耕耤田之中。虽然直到元代结束，史籍上未见元代皇后亲蚕的记载，但农、桑二坛的确立，表明作为草原游牧民族的蒙古统治者对汉家礼法政治上的高度重视，也是在当时蒙古民族统治下的中国实现和谐稳定政治的重要表现。

元武宗孛儿只斤·海山（1281年8月4日—1311年1月27日），元朝第三位皇帝，蒙古帝国可汗，汗号“曲律可汗”，元代的一位明君。庙号武宗，谥号仁惠宣孝皇帝。为忽必烈次子真金次子答剌麻八剌之长子，统军北边，多立战功，封怀宁王。元大德十一年（1307年），成宗铁穆耳病逝，储位虚悬。海山回大都奔丧，被拥立为帝。元武宗在位四年（1307—1311年），其间中国内部的矛盾得到舒缓，元朝的统治政治稳定，全国歌舞升平，国力强大。

帝躬耕、后躬桑，自周代开始的统治者父仪天下、母仪天下，以亲行耕桑之礼为天下众人之先，既为祭享神祇提供粢盛、祭服，同时也带动天下人重农桑、从本根。周代至元代亲蚕之礼的逐渐明确，从形而下的坛制、布局，到形而上的祭礼、先蚕之神的演变，唐代时完全成熟。唐制成为中国古代先蚕之礼的国家祭祀典范与制度模板，后世清代的先蚕祭祀之法，不过是唐制的延续。

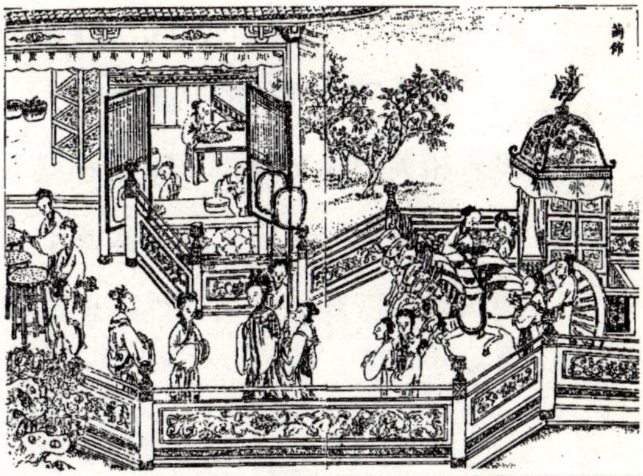

茧馆（景印《文渊阁四库全书·农书》）

二、嘉靖帝与明代先蚕之祀

明代，汉民族重新成为大一统专制国家的统治民族。在历经南宋以来长达250年的少数民族与汉民族争夺中国统治权的拉锯战过程中，社会生产力遭到极大破坏，人民流离失所，国家人口极度下降。在当时正统汉家上层看来，外夷的长期乱华必然带来汉家礼乐之制的大倒退、大破坏，因此，元末的割据枭雄朱元璋在自称吴王时期就着手恢复唐宋时期的各种国家祀典，并试图依此确立自己的典章制度。1368年，朱元璋称帝，建立明王朝。开国伊始，便命李善长等人考订历代典章，确立大明的典章制度。明初的典章涉猎广泛，诸如吉、凶、军、宾、嘉五礼等都在参照前代基础上重新考订。这其中，属于祭祀各类神祇的吉礼占了相当大的一部分。关于明初典章的情况，《大明集礼》中有详细记载。

作为源自周代的亲蚕古礼，在分类上应属于吉礼，但《大明集礼》中没有相关记载，《明实录·太祖实录》亦无记载，日后的《明会典》说“国初无亲蚕礼”（《明会典·卷五十一·亲蚕》），因此可以肯定地说，朱元璋建国后虽恢复一系列古礼以正汉家典章，但这一系列举动中不含皇后亲蚕之制。

明徐光启《农政全书》中有一例“太祖洪武二年二月，上命皇后率内外命妇蚕北郊，供郊庙衣服如仪，自是岁如常”记载，因其无任何史书可对质，故不为史学界采纳。

嘉靖帝改制

随着永乐帝的迁都，中国的政治中心重新回到北方，这次是永乐帝登基前的大本营北京，元时称大都，元亡后明称为燕京。靖难之役后，朱棣虽仍于南京继大统，但其心思在自己的根据地燕京，毕竟那里是多年经营，政治基础牢固。借着“天子戍边”的政治幌子，永乐四年（1406 年）明成祖便分遣大臣赴各地督民采木，烧造砖瓦，并征发各地工匠、军士、民工，开始了营造北京的筹备工程。永乐十五年（1417 年），大规模营建北京的工程正式开始，至永乐十八年（1420 年）方告完工，永乐十九年（1421 年），朱棣颁诏正式迁都北京。

史书上说，新建的北京宫殿、坛庙、衙署“悉仿南京旧制”，就是说成祖为了凸显大明政治上的继承性，在北京原样克隆了南京城太祖留下来的各种官制建筑。由于太祖时没有先蚕之礼，因此这时的北京也就不可能有先蚕之坛。

1521 年，这一年是明正德十六年。明武宗正德皇帝驾崩，由于长期荒淫无度，死时仅 31 岁且没有后代。国不可一日无君，于是时在湖广安陆府、年仅15岁的朱厚熜被安排急忙赴京继位，次年改元嘉靖，即明世宗。

朱厚熜是正德帝的堂弟，他的父亲兴献王是弘治帝的弟弟，就藩湖广安陆（今钟祥），正德帝是弘治帝的独子。朱厚熜16岁登基，60岁去世，在位45年，是明朝实际统治时间最长的皇帝。

嘉靖帝朱厚熜统治期间，开始了明代典章制度从未有过的大翻天，表面上是完善祖制、恢复周礼，实质上是通过所谓"大礼议"，明确了自己的政治正统性，充分加强了皇权，打击排斥了前朝元老。

开始，嘉靖的政治意图十分清晰，就是将自己的亡父兴献王纳入天子昭穆之制，进入明帝的统治序列，这样，自己的政治身份就自然而然地体现出完全符合帝制传位传统，也拔高了自身血缘的含金量，也就是因为此事，招致满朝文武的极力反对。身为藩王之后，从小远在天边无拘无束的生活，使嘉靖一直反感宫廷中的繁文缛节，为此在进京当初就因为各种礼仪之事与当朝大臣闹得不愉快。随后出于政治与感情需要，想将亡父身份拔高一下，也要与大臣争锋相对，为此持续了三年，虽最后嘉靖以皇权人治战胜了千年以来的尊古循古之礼，但宫廷内的各种开国祖制、典章也借此在他面前走了个过场。以后，皇统、皇考之类的宫廷斗嘴政治随着自己老父亲名号的最终确立而告一段落，这个所谓早年还算意气风发的年轻皇帝，从小在荆楚之地沾染了足够丰富的好鬼神、好自然崇拜的习惯，此时心里逐渐展开一个要对帝王敬鬼神、拜神祇礼制的变更计划，并逐步加以施行，如，拆除天地坛长方形的大祀殿，改建三层重檐，施以青、黄、绿三色琉璃瓦圆形攒尖顶的大享殿（后世清代祈年殿的前身），更名天地坛为天坛；将天地坛中"地"的成分另于北郊辟建地坛，祭祀皇地祇；将天地坛中的日、月于东西郊外辟建朝日坛、夕月坛，将山川坛中合祀的风云雷雨、岳镇海渎另行辟建天神坛、地祇坛（合称神祇坛）。要说明的是，嘉靖此时所做的一切，不过是表明他自己内心蕴含的再造大明政治社稷的政治权谋，这些新建的礼制建筑只不过是他的政治道具而已。他虽然好鬼神，但满足政治之需是根本利益出发点，因此嘉靖十九年（1540年）以前的系列措施，切切实实地为自己的皇权专制统治秩序的稳固奠定了强大基础。行不行礼并不重要，因为只要礼制建筑建成了就是目的。此后，嘉靖帝就可以放心地一头扎进皇家御苑西苑（今北海、中海、南海）炼丹修道，并以道长自居，常年不理国政，以享逍遥自在。

明代先蚕之礼的创立，就是在这个亦私亦公的政治“大折腾”下登上政治舞台的。

明嘉靖先蚕之礼创立的大致过程

《明实录·世宗实录》卷一百零九记载：

（嘉靖九年正月丙午）吏科都给事中夏言奏：“臣向被命查看顺天田土，曾请改各官庄田为亲蚕厂公桑园名额，令有司种桑柘，以备宫中蚕事，未见举行。迩者陛下有事于南郊，臣猥以侍从之末，叨陪法驾，仰见陛下对越严恪，馨香升闻。……帝轸念民事，已无不尽其诚矣。臣感激之余，窃念向所建亲蚕之议，有助于陛下敬天勤民之事，且足以绍圣祖之制，作补当代之阙遗。夫农桑之业，衣食万人，不宜独缺耕蚕之礼，垂法万世不宜偏废。倘蒙采纳。敕礼官会议，以闻令儒臣参酌考订，慨然施行，则天下万世永有瞻仰。

夏言，朱厚熜在位前半段时期的重臣，以正直敢言著称，后死于昏君的无道和奸臣严嵩的陷害。其人在嘉靖大礼议及其相关的典章更定过程中，为朱厚熜扮演着大力支持者的角色。

夏言（1482 年 7 月 14 日—1548 年 11 月 1 日），字公谨，号桂州，贵溪（今江西贵溪上清桂洲村）人。嘉靖七年（1528 年），夏言调吏部，深得世宗皇帝的赏识。嘉靖十年（1531 年）三月，夏言升为少詹事兼翰林学士掌院士，随之升为礼部左侍郎，仍掌翰林院。一月后代李时为礼部尚书。嘉靖十五年（1536 年）闰十二月升武英殿大学士，入参机务，不久为首辅。嘉靖十八年（1539 年）加少师，特进光禄大夫、上柱国。明朝以来，只有夏言一人加上柱国衔。

史书记载上说，夏言从嘉靖帝忙于祭祀神祇并表现出对随从人员呵护的言行中，不仅看到了年轻皇帝的朝气蓬勃、大明后继有人，更为皇帝的新气象所感动。特别从国家祭祀神祇的新气象中，感到皇帝既然对天地日月敬祀有加，那么作为关涉到社稷安危之本的农桑耕蚕之礼——帝躬耕、后躬桑，也应该得到更加深刻的认识，不应被荒废。因此，夏言诚恳建议年轻的皇帝一定要恢复亲耕耤田以为粢盛，而皇后要恢复亲桑先蚕以为郊祀祭服。显然，年轻的嘉靖从登基以来一直注意到夏言对自己的政治支持，对夏言的建议即刻采纳，于是马上给礼部下达了命令：

朕惟耕桑王者重事也。古者天子亲耕，王后亲蚕，以劝天下。朕在宫中，每有称慕。自今岁始（嘉靖九年），朕躬祀先农，与本日祭社稷，毕，既往先农坛行礼，皇后亲蚕，礼仪便会官考求古制，具仪以闻。

——《明实录·世宗实录》卷一百〇九

那么，对于建造开国以来并未有过的亲蚕之坛，这么重要的大事由谁来督造呢？这个重要的政治任务落在当朝大学士张璁的身上。

张璁（1475—1539 年），字秉用，号罗峰，卒谥文忠。浙江温州府永嘉三都人，张璁因和明世宗嘉靖朱厚熜同音，世宗为其改名孚敬，赐字茂恭。因支持朱厚璁，成为大礼议的核心人物之一，官拜文渊阁大学士。

嘉靖先蚕坛规制的变迁及先蚕之神的祭祀情况

看来这个张璁熟读三礼之书名不虚传，他向皇帝提出：先蚕坛选址在都城之北的安定门外，以符合周礼北郊亲桑古礼；蚕坛的建造尺寸与先农坛相同，附属建筑设采桑台、蚕室、别殿、斋宫、二十七间育蚕室。张璁所提的建议符合古制，嘉靖帝就同意了。

不过，坛址选择可谓一波三折。张璁的提议提出后，有朝臣就说“皇后出郊，难以越宿，且郊外别建蚕室，则宫嫔命妇未得亲见蚕事，势难久行”（《皇明典礼志》卷十二），要求就近选择坛址。

这时的嘉靖皇帝表现出深明古礼的君王之态，申明“亲蚕礼，朕心决之久矣”，指出皇后出宫虽远至安定门外，但更改祭祀地点不能以远近为理由，礼部也曾经说过北郊虽有空地，但没有河流湖泊，无法取得浴蚕之水，因而也建议在城里的太液池另行辟建蚕坛，所以此事要慎重。嘉靖帝还指出，唐宋把蚕坛祭祀一律改在禁苑，已完全不合周之古制，不值得完全效法，否则，会对天子带来政治道义上的危害（实质上，

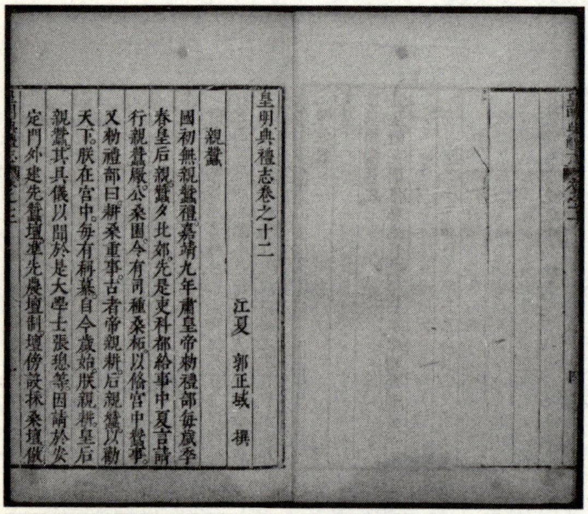
皇明典禮志卷之十二
江夏 郭正域 撰
親蠶
國初無親蠶禮嘉靖九年肅皇帝勅禮部每歲季
春皇后親蠶於北郊先是吏科都給事中夏言請
行親蠶厰公桑園今有司種桑柘以備宮中蠶事
又勅禮部曰耕桑重事古者帝親耕后親蠶以勸
天下朕在宮中每有耕某自今歲始朕親耕皇后
親蠶其具儀以聞於是大學士張璁等因請於安
定門外建先蠶壇準先農壇制壇傍設採桑壇儆

明代设立先蚕坛的记载（《皇明典礼志》卷十二）

嘉靖帝是故作姿态，他本对宫中的这礼那礼的繁缛忍受不了，但出于塑造自身形象的需要而不得不忍耐，因此危害只是托词）。最后，嘉靖帝采取了折中的办法，将亲蚕坛（就是先蚕坛，含先蚕神坛、采桑台等）筑于北郊安定门外稍西侧，让皇后率公主及内外命妇前去采桑叶；同时在西苑的西北角空地建造织堂，用来最终完成织造郊庙祭服的任务。

由于分开两地进行亲蚕建筑建造，因此很快便完工，"九年二月，建先蚕坛于北郊"（《国朝典汇》卷十八）。但是根据其他文献记载，推测应该完工的是坛内主体建筑，如先蚕神坛和采桑台。嘉靖九年（1530年）三月，也就是蚕坛建成后的第二个月，大明政府在北郊先蚕之坛举行了明代历史上的第一次皇后亲蚕之礼：

> （嘉靖九年）三月，始立先蚕氏之祭。岁春择日皇后祭，用少牢、礼三献、乐六奏。……公主、内外命妇陪祀。
>
> ——《国朝典汇》卷十八

皇后从西华门出宫，众随行女官前呼后拥，热热闹闹抵达北郊安定门外的新建祭坛，按古礼祭祀先蚕之神西陵氏嫘祖，而后行采桑。

不过，就是这首开的亲蚕礼，也让朝中食古及体恤皇帝真正心思的大臣坐不住了，嘉靖十年（1531年）二月，朝臣对嘉靖帝说，去年皇后的亲桑之举，已经成功地为天下人示范了桑蚕之事的重要性。现在，相关的蚕坛建筑还在收尾施工，这种情况下还是遣官祭祀为好。又说，去年皇后娘娘出城遇到大雾弥漫，天气不是很妥当，这种情况下根据古制可以考虑皇后不用出宫，在皇宫里举行代祭之仪，同样也可以体察到民间织妇蚕事之艰辛，因此只要达到明察大义的目的就可以了，不一定非要年年出城亲自祭祀。其实，嘉靖何尝不是如此考虑？本来，建个祭坛做做样子就是他的本来目的，因此大臣所说被采纳了，嘉靖最终以皇后出入不便、北郊无浴蚕之水、一事分二地进行不妥等，下旨在西苑西北角已建织室的地方再建先蚕神坛、采桑台，拆除了北郊的建筑设施。这样，沿袭周之古礼的北郊亲蚕终于还是被在皇帝自家禁苑内行事所替代，唐宋开始的宫内亲蚕已经彻底取代了周代皇后代表国家亲蚕，成为皇帝自家行亲蚕之礼。也就是说，原本的“太祭”已经演变为“帝祭”，国事成为了家事。到后世清代就更为明确，祭祀等级虽为中祀，但祭祀事宜管理改为管理皇帝家事的内务府进行，与国家机关的管理完成脱离。

《明会典·卷五十一·亲蚕》载：

坛高二尺六寸，四出陛，广二丈六尺，甃以砖石，又为瘗坎于坛右方，深取足容物。东为采桑台，方一丈四寸，高二尺四寸，三出陛，铺甃如坛制。台之左右树以桑。坛东为具服殿，三间。前为门一座，俱南向。西为神库、神厨，各三间。右宰牲亭一座。坛之北为蚕室，五间，南向。前为门三座，高广有差。左右为厢房，各五间，之后为从室各十，以居蚕妇。设蚕宫署于宫左偏，置蚕宫令一员、丞二员，择

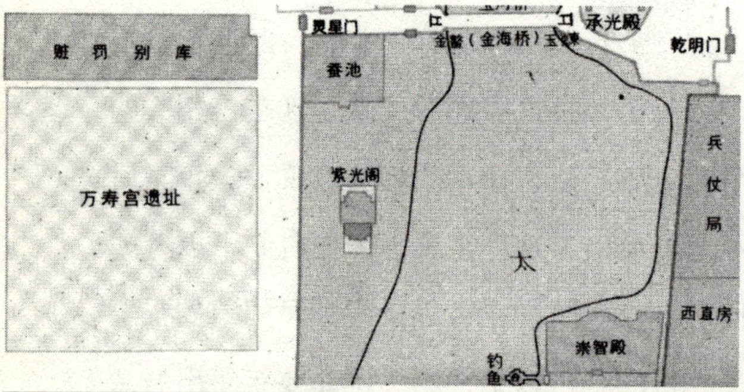

明代晚期西苑先蚕坛（蚕池）位置（侯仁之《北京历史地图集》）

内臣谨恪者为之，以督蚕桑等务。

嘉靖十年（1531年）三月，新的先蚕坛于西苑建成（十年……三月，建土谷坛、先蚕坛于西苑。——《国朝典汇》卷十八）。新的蚕坛建在西苑万寿宫东侧，建筑规制得体，在使用性上可以说考虑得周到：

亲蚕殿，在万寿宫东（原文为西南，疑笔误），有斋宫、具服殿、蚕室、蚕馆，皆如古制。蚕坛方可二丈六尺，垒二级，高二尺六寸，陛四出，东西北俱树以桑柘。采桑台高一尺四寸，广一丈四尺。又有銮驾库五间，围墙八十余丈。

——（清）高士奇：《金鳌退食笔记》

明代的西苑蚕坛，也成为后世清代建造先蚕之坛的样板。清雍正时，虽然将明的蚕坛改建为祭祀雨神龙王的时应宫，但却无法将明蚕坛的影响从历史中完全抹去，如蚕坛的西墙外明末清初形成名为“蚕池口”的地名，名称中就透露出这里原来具有的历史功能的信息。

新坛建成后，原来安定门外的蚕坛建筑随之废弃。而前文所说的那位建议皇帝复行耕蚕之礼的夏言，“以耕蚕礼成，赐吏科都给事中夏言四品服”（《国朝典汇》卷十八）。

嘉靖十年（1531年）四月，皇后举行了第二次亲蚕之礼：

四月，皇后行亲蚕礼于西苑。……止筵宴、用勿前导……赐蚕母王氏等二十七人各布一匹。

——《国朝典汇》卷十八

终明之世，总计进行区区两次亲蚕之礼，年份相近，行礼地点却出现

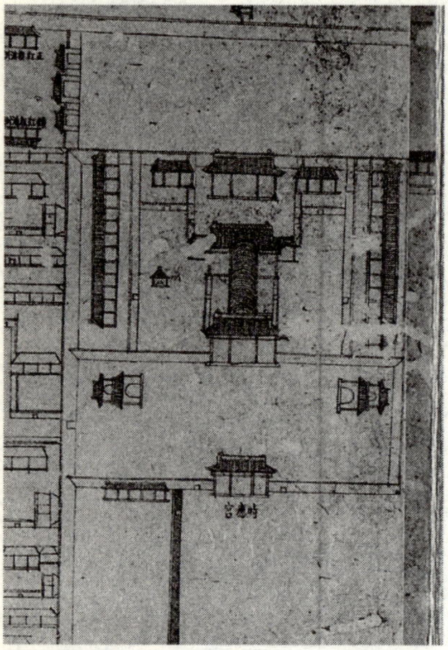

清《乾隆京城全图》中的时应宫

时应宫，是清雍正帝在位时改明西苑先蚕坛而建成的祭祀雨神四海龙王之庙，为清代风云雷雨四庙之一。

了由周制到唐宋之制的大变化，这种巨大反差也仅在明代才出现过。

嘉靖九年、十年的两次亲蚕，成为大明历朝276年中仅有的两次祭祀先蚕之神。嘉靖四十一年（1562年），当礼部礼官提请嘉靖遣女官祭祀先蚕之神时，这位自称道长好鬼神皇帝终于揭下伪装了30多年的假面具，以一句“耕蚕二礼昔自朕作，即亲耕亦虚渎耳，必有实意为之”表达了自己心底的真实想法，于是亲耕耤田、亲桑先蚕“具罢之”，结束了明代短命的皇后亲桑享先蚕之礼。

嘉靖九年定亲蚕之仪

《明会典·卷五十一·亲蚕》中，对明嘉靖帝审定的皇后亲桑享先蚕之礼有明确记载，这也是有明一代唯一的亲桑享先蚕典章制度：

嘉靖九年定

先期：钦天监择日以闻。顺天府具蚕母名数，奏，送蚕室内。工部具钩、箔、筐、架及一应养蚕什物，给送蚕母。顺天府将蚕种及钩筐一副进呈，讫，捧自西华门出，置彩舆，鼓乐送至蚕室。蚕母浴种，伺蚕生，先饲以待。

先一日：蚕宫令丞设皇后采桑位于采桑台，东向；执钩筐者位于稍东；设公主及内命妇位于皇后位东；设外命妇位于采桑台东陛之下，南北向。以西为上。

至日，四更。宿卫陈兵卫。女乐工备乐，司设监备仪仗及重翟车，蚕宫令备钩筐，俱候于西华门外。内执事女乐生并司赞六尚女官等，皆乘车先至坛内候。

将明。内侍诣坤宁宫，奏请皇后诣先蚕坛所。皇后服常服，导引女官导皇后出宫门，乘肩舆。侍卫警跸如常仪。公主及内命妇应入坛者，各服其服以从。至西华门，内侍奏请降舆，升重翟车。兵卫、仪仗、女乐前导，女官捧钩筐行于车前。皇后至具服殿，少憩，易礼服，祭先蚕。

祭毕，更常服。司宾引外命妇先诣采桑台位，南北向，女侍执钩筐者各随于后。尚仪入，奏，请诣采桑位。导引女官导皇后至采桑位，东向。公主以下各就位，南北向。执钩者跪进钩，执筐者跪奉筐，受桑。

皇后采桑三条，还，至坛南仪门坐，观命妇采桑。三公命妇以次取钩采桑五条，列侯九卿命妇以次采桑九条。采讫，各以筐授女侍。司宾引内命妇一人诣蚕室，尚功率执钩筐者从。尚功以桑授蚕母，蚕母受桑，缕切之，以授内命妇。内命妇食蚕，洒一箔，讫。司宾引内命妇还。尚仪前，奏：采桑礼毕。

皇后还具服殿，候升座。尚仪奏：司宾率蚕母等行叩头礼。司赞：唱班，齐。外命妇序列定。赞：四拜，毕。赐命妇宴于殿内外，并赐蚕母酒食于采桑台旁。公主及内命妇殿内序坐。外命妇从采桑者及文武二品以上命妇于殿台上，三品以下于台下，各序坐。尚食进膳。司宾引公主及内命妇各就坐，教坊司女乐奏乐、进酒。及进膳、进汤如仪。宴毕，彻案。公主以下并外命妇各就班。司赞赞：四拜。尚仪跪，奏：礼毕。

皇后兴，还宫。导从如前。

有两件小事，可以看出嘉靖在听取大臣之言恢复亲蚕之仪时，对于塑造皇家体恤民生、爱民如子之意上还是动了一番脑筋的。其一是嘉靖九年时补充规定亲蚕之后还要由内臣行治茧之礼，即由内臣将作成之蚕茧捧至西苑织室，行三盆之礼（清代称为缫丝礼），使得亲蚕之礼完善；其二是废除唐宋时采桑叶使用金钩的做法，改用民间使用的普通铁钩，以尽可能真正通过亲桑活动达到体恤民生之艰的初衷。因此虽然亲桑之礼形同虚设而且短命，但作为皇帝皇后至少把形式上的体恤民生做在表面，以示不枉费耗费的民脂民膏。

【附】明代皇后躬祀先蚕之神主要事项

据《明会典》卷九十二，明代皇后躬祀先蚕之神主要事项：

一、先蚕之神陈设

神位：先蚕氏之神

少牢之牲：羊二、豕一

祭祀礼器：登一、籩六、豆六、簠二、簋二、篚一、尊三、爵三、盏三十，帛一，祝案一

二、祝文

维　年　月　日，皇后　　致祭于先蚕氏之神，曰：维神，肇兴蚕织，衣我烝民，万世永赖。时维季春，躬行采桑礼，仰冀默垂庇佑。相兹蚕事，率土大同。惟神之休，敬以牲帛醴齐之仪，用申祭告。尚享。

三、祭祀乐章

迎神“贞和之曲”：

于穆惟神，肇启蚕桑。衣我万民，保我家邦。

兹举旷仪，春日载阳。恭迎霞驭，灵气洋洋。

奠帛“寿和之曲”（初献同）

神其临只，有苾有芬。乃献玉齍（zī），乃奠文纁（xūn）。

仰祈昭鉴，淑气氤氲。顾兹蚕妇，祁祁如云。

亚献“顺和之曲”

载举清觞，蚕祀孔明。以格以享，鼓瑟吹笙。

阴教用彰，坤仪允贞。神之听之，鉴此禋诚。

终献“宁和之曲”

神之格思，桑土是宜。三缫七就，惟此茧丝。

献礼有终，神不我遗。锡我纯服，藻绘皇仪

彻馔“安和之曲”

俎豆具彻，式礼莫愆。既匡既敕，我祀孔虔。

我思古人，葛覃惟贤。明灵歆只，永顾桑阡。

送神“恒和之曲”（望瘗同）

神之升矣，日霁霞蒸。相此女红，杼轴其兴。

兹返玄宫，鸾凤翔腾。瞻望弗及，永锡嘉征。

四、祭祀杂项

凡太常寺执事人役，先一日入坛，具祝版祭品香帛。本日晚，送交蚕宫令，转送执事女官。其厨役等项，不许以铺排名色擅入坛内。祭毕，蚕宫令将祭品交还太常寺。

凡乐女生奏乐，止用乐歌，不用舞。

凡陪祀文官四品以上、武官三品以上命妇，各造给陪祀牌一面，牌式较陪祀官减三之一。

三、清代先蚕之神国家祭祀

清代，是中国古代大一统专制制度下的最后一个王朝。纵览清代267年的历史（自1644年起），少数民族政权不断汉化的过程自浅入深，最终完成政治生活各个方面的重生。诚然，这在中国古代历史上早已不是第一次，汉家文化以其强大的现实意义吸引着文化落后民族的注意力，不断使文化落后民族向文化先进民族“看齐”，也使中国古代社会不断地完成各种文化的逐步融合，形成今天多民族文化共存的文化稳定状态。但不可否认的是，这一融合过程中汉家文化对其他文化的同化占据了主导地位，不少地方性文化形态、文化特征逐渐消失，甚至于一些民族的民族特性最终也消失于汉家文化的波涛之中，成为大汉族家庭的成员组成。典型的事例比如南北朝时期的鲜卑民族与汉民族的融合。以满族构成的清代统治阶层，同样亦经历了这一过程，而且在某些方面的做法达到历代之最，甚至超越了以往的汉家王朝。一方面如前所说是汉家文化的强大吸引力所致，另一方面，更是被传统说法称之为化外民族统治汉民族的现实政治所需。当然，文化层面上的理解还有不少可商榷之处，也不是三言两语能够彻底道明的，读者不妨深入思考下去。

清代对于先蚕之祀的认识，不像对先农之神的认识那样到位，存在一个逐渐认知到彻底落实的过程。与明代相比，认识先蚕之祀的重要性虽稍滞后，但最终能够落实到典章活动中的实处，虽无法摆脱为了政治做做样子之嫌，但远比明代那位自称道长的嘉靖帝只说不做彻彻底底自欺欺人值得称道得多。

清代先蚕之祀确立的大致过程

根据文献记载，清代的先蚕之祀从认识到落实大致经历了三个过程。

康熙帝的西苑蚕舍

清康熙帝（爱新觉罗·玄烨，清圣祖，1654—1722年），是大清帝国入主中原后的第二位皇帝，在位长达60余年，也是清代在位年限最长的皇帝（清乾隆帝是另一位，但不计其三年太上皇）。康熙帝在位期间，除了继续通过军事、政治手段巩固国土、加强皇权外，也对源自明末来华的西洋天主教、基督教等教派传教士带来的近代科学知识和科学技术产生浓厚兴趣，用了较多的时间向西洋传教士领略近代科学的奥妙，同时通过自己的一些实践对所学到的科学知识加以验证。在诸多的“科学实践”中，康熙帝深知由来已久的古训“民以食为天”对江山社稷的重要性，同时也认识到，大清的国家政治秩序尚在打基础阶段，对于清的统治阶层来说，尽快稳定全国范围内的反清思潮，不仅是通过所谓的法律和分而化之的政治手段，还要通过改善民生的行动使民族的不满情绪得以缓和。当然达到这一目的方法多样，而康熙帝除了采取传统行之有效的方式之外，更是别出心裁地冒着别人可能认为是“奇技淫巧”的讥笑，试行粮食作物的优选优育，并亲行桑蚕养殖，从行动上试图

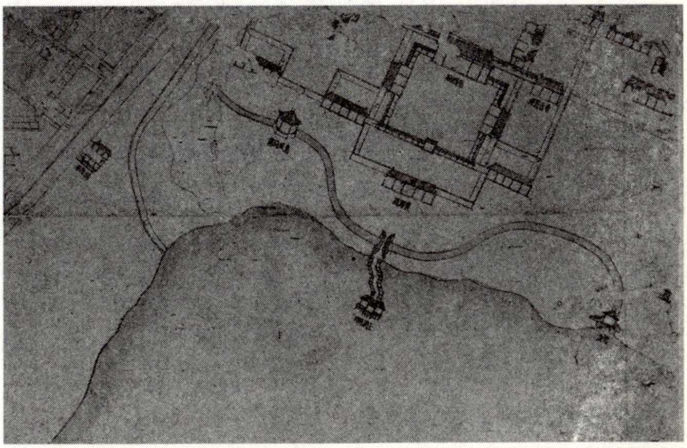

《乾隆京城全图》中的丰泽园

使自己更为清晰地了解农桑之艰、之重要（但需要说明的是，康熙帝也无法逃脱传统帝王御人之术的影响，他的亲历农桑之举只局限在使自己更为清楚而不想使国民明白的愚民之说之中。因此他的亲历农桑之举，也可以理解成对农桑之学的把玩）。无论如何，康熙帝还是吸取了西洋近代科学提倡的实证方法，较为重视试验，尚实而虚文，在中南海“西苑”创建丰泽园并开辟稻田数亩，在丰泽园投入了大量“业余时间”钻研水稻种植技术，亲自试验水稻良种的优育优选，培育出籽实粒大、成色诱人的良种稻“御稻米”，以至“岁取千百,四十余年以来，内膳所进，皆此米也”（《康熙几暇格物篇》），并向全国推广；同时在丰泽园的东侧建蚕舍数间，并植桑树成排，养蚕、浴蚕种，缫丝、纺丝，使丰泽园一带成为皇家专用的农业试验场。

康熙帝的这一举动，不仅受到后世子孙的称道（“劝课农桑”、“重农从本”）。事实上也为皇家对蚕事在国家政治生活中的地位提供了说辞，先行的事实为后行的祭祀铺垫了行为上的依据。

雍正与乾隆之交时期的先蚕祠

清雍正帝（爱新觉罗·胤禛，清世宗，1678—1735 年），是中国历史上较为少有的勤政皇帝之一，在位仅 13 年，却被以超常的工作效率载入史册，据称在位期间批阅文件批改的文字、批示达千万字。虽然为了加强皇权做了一些违背情理之事、为了钳制人民思想大兴文字狱，但其人在体恤民生方面却值得大书特书。可以这样说，雍正皇帝力图通过自己的行为，提振人心，试图不断以为人之先做出表率，改进吏治，促进国家长治久安。在国家经济政策上采取一些列措施，著名的如“摊丁入亩、火耗归公”，安定了人心，客观上也为社会生产特别是传统农业的发展提供了条件（当然不可否认有的政策也带来负面作用，如

雍正《耕织图》：浴蚕

雍正《耕织图》：采桑

雍正《耕织图》：蚕蛾

雍正《耕织图》：采茧

雍正《耕织图》：窖茧

雍正《耕织图》：祭祀先蚕之神

摊丁入亩施行后，人口急速增长，国家的人均土地占有量急速下降，人口压力第一次成为国家要面对的现实问题）。

也许是上天对雍正帝勤政的一种嘉奖吧，从雍正二年（1724年）开始，各地陆续出现粮食增产增收的祥瑞之象，至雍正四年（1726年）时，京城的先农坛耤田竟然出现一茎多穗的小麦植株，且粒大饱满。雍正帝

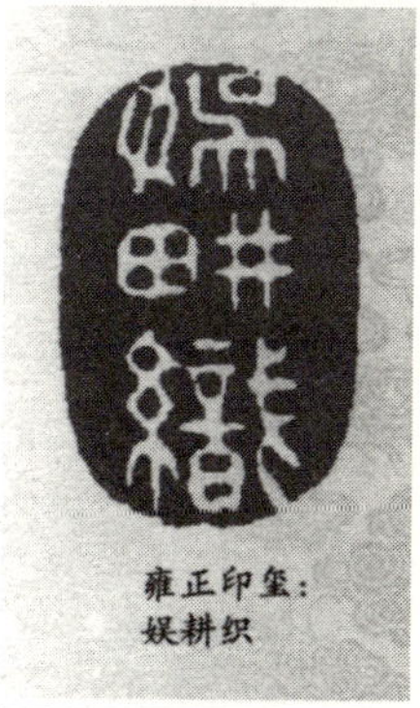

清雍正帝“娱耕织”印玺

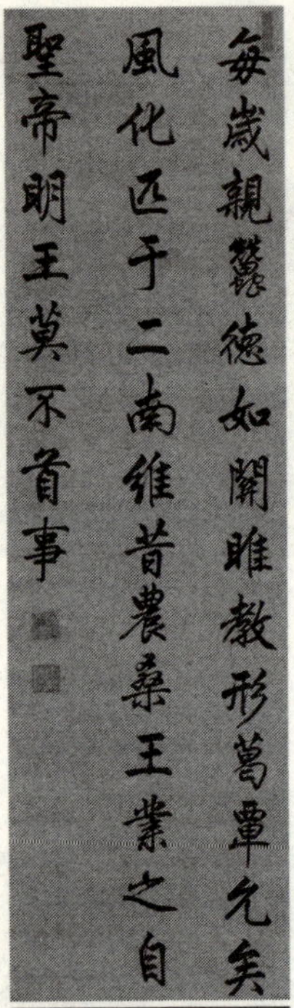

每岁亲蚕，德如关雎。教形葛覃，允矣风化。匹于二南，维昔农桑王业之自。圣帝明王，莫不首事。钤印：雍正定翰、朝乾夕惕、兢兢业业。——爱新觉罗·胤禛（清雍正帝）

甚为高兴，感到这是老天给自己的绝好表彰，于是下令自雍正五年（1727 年）开始，参照京城九卿耕作耤田的规制，在全国除蒙藏疆外的地区实行地方官祭先农之神的做法，这一做法给先农之神的地方官方祭祀开了历史先河。从此，对农业的重视从重民生的形而下举措上升到敬神的形而上举措。雍正皇帝并没有因此松懈，而是继续勤政，每年亲耕先农坛耤田，每天都要身着穿旧的官服、吃着简朴的饭菜拼命维持着帝国。雍正帝到位地履行了自己的职责，不愧是当时国民的表率，不愧是“优秀公务员”。雍正帝的重民生之举是他维系国家繁荣昌盛、开创所谓平安盛世的精明之举。

转眼到了雍正十三年（1735 年），这一年的四月有位大臣对雍正帝奏称，北京作为首都，理应按古制建立先蚕之坛，以祭祀先蚕之神西陵氏嫘祖。这样，一耕一蚕，帝亲耕后亲蚕的格局才能确立。这类提振国家农桑根本认知的大臣奏议，马上为雍正帝批准。不仅如此，雍正帝又以当初向全国推广先农之神地方官祭的思路，诏谕全国推行先蚕之祭。

四月，己亥。礼部议覆。河东总督王士俊奏请奉祠先蚕。……周制蚕于北郊，其坛应设于北郊。祭日用季春吉巳，一切坛制祭品，俱视先农典礼。京师为首善之地，应于北郊建坛奉祀。届期，派礼部堂官一员承祭。

通行直省各府州县，一体遵行。从之。

——《清实录·世宗实录》卷一百五十五

也就是说，在京城北郊和地方治所北郊一律建立先蚕之坛，每年季春巳日致祭，且“一切礼仪均依祭先农典礼”（光绪《清会典事例·礼部》卷三一四）。

不凑巧的是，雍正帝这年的八月离世，爱新觉罗·弘历（乾隆帝，清高宗，1711—1799 年）成为继任者，先前推行地方官祭先蚕之神的计划暂时搁浅。

乾隆元年（1736 年），又有大臣旧事重提，仍请求按先帝遗愿在地方设立先蚕之坛，所不同的是，设立范围缩小到有养蚕业的省份。不过这次也有人提出别的看法，认为为先蚕设坛祭祀在大清从未有过，要设只宜在京城先设先蚕祠进行遣官祭祀：

春正月，癸卯。直隶总督李卫疏请出蚕省分，建立先蚕坛。总理事务王大臣议覆，为坛以祀先蚕，经传未闻，未便各省城通立。应于京师建祠奉祀，至期，遣礼部堂官一员承祭。从之。

——《清实录·高宗实录》卷十

其实，这不过是对先前雍正帝时打算在京城设先蚕坛做法的一次调整。因为清代自建国还未有过设立先蚕之坛、考证先蚕之礼的过程，看来不宜速动，礼仪制定要慢慢来，先在北京城北部偏东侧的安定门外建个先蚕祠过渡一下。

关于这座先蚕祠，文献没有什么可以说明问题的文字记载，大致能够知道的，只有两项：其一，每年农历三月遣太常寺官员前去告祭；其二，祭品使用少牢，即一头羊、一头猪。从《清实录》中，我们得知自乾隆三年（1738年）到乾隆八年（1743年），清政府共计遣官六次告祭先蚕之神。后来，随着位于北海东北部新的先蚕坛的建成，这座先蚕祠也就荒废了。

乾隆帝创建先蚕坛

众所周知，清乾隆帝擅远游，又好诗文，同时在位期间对立国以来的国家典章进行较大规模的完善补充。但有一点是承继了康熙、雍正的做法，那就是对维护并加强农桑之国本的传统治国政策没有放松，深知农桑是民之维生的根本，是社稷永祚的首要，是国家经济命脉，因此加强农桑对于社稷重要性的认识，从实际行动上、从典章上都要采取措施。

前述中已知，乾隆帝即位后基本遵照雍正帝的想法，在北郊设立先蚕祠，派官员祭祀。祠的祭祀等级属于官方祭祀中最低一级，即群祀。导致乾隆帝正式创立清代皇后躬桑享先蚕之礼想法的，原本是由当时大学士鄂尔泰编纂的《国朝宫史》，考虑到乾隆帝登基以来完善各项典章，但按照古制唯独尚缺皇后的北郊亲蚕之礼，故而上奏乾隆，请求创建先蚕坛，实行皇后亲桑享先蚕。

先蚕坛（《唐土名胜图绘》）

乾隆帝深知创立皇后亲蚕之礼

的政治意义，不仅是在国民面前树立“天子亲耕、皇后亲蚕”的父仪天下、母仪天下的家天下政治形象，更是实现自己所谓“千古一帝”崇文尚虚政治高大全形象所必需。因此乾隆帝立即同意了这个请求，还与臣下就沿袭周礼北郊躬桑之制还是采用唐宋内廷亲蚕之制进行了探讨。总的来说，在坛址选择与坛内建筑布局上实行了中庸，即皇后乃一国之母，出京城远行亲蚕之礼多有不便，北郊也没有浴蚕之水，因此选址采用唐宋内廷祭祀的做法，在西苑的东北角前明的雷霆洪应殿旧址，辟建清的先蚕坛。之所以选在这里，一是为了尽最大限度符合北郊亲蚕的北之方位之意，二是可以使用北海之水作为浴蚕河，自北而南穿过坛内，实现了浴蚕的客观需求。乾隆帝较为严格地采纳了内务府大臣海望的历史考证，尽最大可能还原自周代起始的先蚕之祭所涉及的功能建筑。

具服殿，也称亲蚕殿、茧馆，皇后在坛内祭神前更换祭服之处，也是行献茧礼、选蚕种之处；

织室，皇后行缫丝礼之处，也是坛内女性丝织工人（织妇）缫丝与纺丝之处，布料用来制作皇家祭祀礼服之用；

先蚕神坛，祭祀国家的先蚕之神西陵氏嫘祖的祭坛，砖石台；

观桑台，也称采桑台，是皇后按周代古制亲自采摘三片桑叶后，观看嫔妃摘五片、福晋摘九片、命妇终采等事项的砖石台；

蚕舍，二十七间，养蚕之处。

当然，时至清代也要有当时的祭祀考虑，比如设立供奉先蚕之神神位的蚕神殿（先蚕之神享殿）、收纳祭祀用品的神库及制作祭品的神厨、管理机构先蚕坛祠祭署等，使先蚕坛的使用功能达到历史上最为完善的状态（关于先蚕坛建筑相关情况的介绍，详见第三章）。

乾隆七年（1742年），“八月，辛卯。定亲蚕典礼”（《清实录·高宗实录》卷一百七十二）；乾隆十一年（1746年），“正月。庚午。钦定祭祀中和乐章名。……先蚕坛乐：迎神，庥平。奠帛、初献，承平。亚献，均平。终献，齐平。彻馔，柔平。送神，洽平”（《清实录·高宗实录》卷二百五十六）；乾隆十一年（1747年）二月，参照先农坛遣官代皇帝祭祀先农之制，又制定遣妃恭代皇后祭祀先蚕之礼；乾隆十三年（1748年），“正月，丁亥。定祀典祭器。……日、月、先农、先蚕各坛之爵，社稷、日、月、先农、先蚕豆、登、簠、簋、铏、尊，均用陶”（《清实录·高宗实录》卷三百六），先蚕坛的祭祀礼器与先农坛相同；乾隆十四年（1749年），因乾隆帝的正室孝贤皇后富察氏于前一年过世，尚未册立新后，“二月，己卯朔。定派官致祭先蚕例……应照皇帝不亲行耕耤顺天府尹致祭先农之例，于内务府总管或礼部太常寺堂官、奉宸院卿内，酌派一人致祭，方足以明等威而昭仪制”（《清实录·高宗实录》卷三百三十四）。

至乾隆十五年（1750年）时，最终完成了清之先蚕坛一切相关制度的确立。

清代先蚕之祀的内容

清代自乾隆帝确立的先蚕之祀，从祭祀礼仪、祭祀陈设、祭祀乐章、祭祀乐器，以及祭祀的组织管理工作，包括管理机构、蚕坛工作人员等，都有详尽的规定。

我们这里先要提及一下先蚕坛的管理，因为这是其与其他坛庙的最大不同之处，也是先蚕坛所独有的管理特色。

我们知道，传统农业社会的经济运行模式是男耕女织。自周代开始，在国家典章制度活动中就出现了天子南郊亲耕耤田以为宗庙粢盛（粢盛，意即祭祀贡品），王后北郊亲桑以为祭服的做法，这一耕一桑，虽说原本用意是指向“国之大事，惟祀与戎”中的“祀”，即祭祀祖先和神祇，但其活动形式却是实实在在的农业生产活动内容，因此帝后的耕桑之举逐渐地还是转变为代表统治者重视农桑、劝课农桑的朴素目的，到清代这一目的更为明确。虽然说帝代表一国之父，后代表一国之母，耕与桑都是为天下人做出表率，但男女社会地位的不平等，使神圣的祭神活动也打上了性别不平等的印记，这在清代的先蚕之神祭祀活动管理中得以突出体现。与之前历代不同，清代的先蚕祭祀不是由政府机关六部之一的礼部及太常寺、光禄寺等国家机关管理，而是由专门管理皇家内部事务的“管家”内务府归口管理，从管理上把国事事实上降格为家事，但又维持五礼之中吉礼的中祀规模，且又对外宣称皇后亲桑母仪天下。表面看会感到这样处理先蚕之神祭祀比较怪异，其实，这正是封建专制王朝家天下的政治体现，即国就是家、家就是国，主持祭祀的皇后是皇帝内人、从属皇帝，内人祭神自然就完全可看成自家之事，因此由内务府管理先蚕坛事务也就顺理成章。

还有一个现象，因为养蚕纺丝都是女性行为，参加先蚕坛的祭祀人员如皇室、官员夫人及平日工作人员也都是女性，在古代男女授受不亲的封建礼教约束下，这类女性进行的活动不可能让男性参与，所以参与先蚕坛的祭祀活动人员，除了上述人员外，就是那些所谓阴阳人的太监。因为有些工作非女性所为，只有太监可以胜任，比如吹奏祭祀乐章的乐工，就不是由天坛神乐署的乐舞生充当，而是由太监充任，以强调男女有别。参与祭祀仪式全程的女官，均由宫女中选出充任，如人数不足，则于内务府或八旗的命妇中选出充任。

正因为如此，如遇皇后或嫔妃、皇亲国戚等无法亲自祭祀先蚕之神时，指派皇帝的“管家”内务府大臣代行祭祀就成为可能。依照《清实录》统计，有清一代由内务府大臣代行祭祀先蚕之神计有十五次，出现于清咸丰朝及其以后时期。

先蚕坛的日常事务性管理，由先蚕坛祠祭署进行，设蚕宫令一员、蚕宫丞一员（先蚕坛祠祭署归内务府辖），工作人员分为专门饲养桑蚕的蚕妇和指导管理蚕妇技术工作的蚕母（类似今军队中管理士兵的军士长）。蚕妇多是由南方养蚕大省，如浙江省、江苏省等处优选而来，每年养蚕季节到京完成相关工作。按清代有关档案记载，这些远道而来的南方养蚕妇人被安置在圆明园专门为她们建造的住处，每日进行熟练完成育蚕及参加祭祀先蚕之神活动议程的训练，甚至充当打扫圆明园工作人员的角色（清内务府《奏销档》）；而在桑蚕孵化到结茧的适值皇家亲行亲桑之礼期间，这些蚕工临时居住在先蚕坛的蚕室，以完成育蚕相关工作，蚕母则由内外命妇中熟悉养蚕之事的年长者充任。

再来看看先蚕坛的祭祀相关事宜。

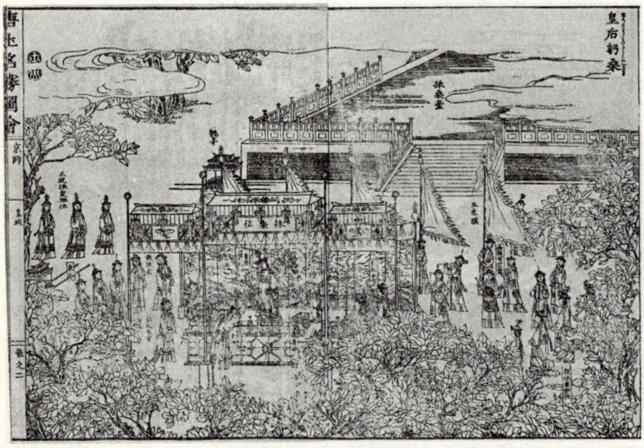

皇后躬桑（《唐土名胜图绘》）

先蚕坛祭祀诸方面，按清帝的要求基本参照先农坛的做法实行，尤其是祭祀先蚕之神程序以及祭祀陈设、祭祀乐器，甚至皇后行躬桑礼时的躬桑采桑歌的形式、采桑歌的乐器等，多与先农坛相同，这是出于农桑本一家朴素认知的礼制选择。

根据清代文献记载，先蚕坛的祭祀活动内容主要为亲桑三礼。

亲祭礼：即祭祀先蚕之神西陵氏嫘祖。与先农坛祭祀先农之神炎帝神农氏一样，这是参仿始自周代的皇家祭祀仪程沿袭下来的标准祀神活动。规模为中祀，活动日期为每年农历二月或三月的“吉巳”之日（季春“吉巳”日）。活动地点在先蚕神坛，神坛上的陈设与先农坛相同（见本节附），即坛上北侧设黄色神幄，内有神案（怀桌），上奉“先蚕之神”红地金字神牌，礼器若干，坛上南侧设皇后的黄色拜幄，行初献、亚献、终献等三献之礼，祭祀的馔、帛等物瘗埋于神坛西北角的瘗坎。祭祀由皇后亲自进行（皇后不能亲祭时，由妃、福晋、内务府大臣代祭，仪式从简）。台下设乐工、歌工（均由太监充任），演奏、演唱祭祀先蚕之神的相关乐章（见本节附），不设舞生，就是说，先蚕之祀有乐无舞，这是与其他中祀活动的最大不同之处。

躬桑礼：与先农坛躬耕一样，躬桑是先蚕坛内独有的祀神礼仪之一。主要内容是：皇后祭神完毕的第二天，如果蚕已孵化出生，遂与妃嫔（二人）、福晋（三人）、命妇（四人）再次来到先蚕坛，在桑树林中按照周代“三、五、九”古制，皇后先用金钩采摘三片桑叶，然后登上观桑台，观看妃嫔与福晋、命妇各自采摘五片、九片桑叶。这些桑叶由蚕母亲自送到蚕舍，由蚕妇切成桑叶条，将其喂食新孵化出的小蚕蚁。桑树林其余的桑叶，由参与活动的蚕妇们继续采摘。皇后祭神完毕的第二天，如果蚕尚未孵化出生，则由内务府奏请另行择日进行。躬桑礼行前一日，先由内务府官员在龙亭、彩亭中陈设采桑器具：皇后金钩黄筐、妃嫔银钩柘黄筐、福晋夫人命妇铁钩朱筐。接着这些器具还要陈设于交泰殿中的陈设案，由皇后亲自审视。审视完毕，仍放回龙亭、彩亭，由内务府官员运至先蚕坛观桑台附近摆放。

献茧缫丝礼：与躬桑礼共同组成先蚕坛内独有的祀神礼仪。按照桑蚕的生命规律，孵化成蚕蚁的桑蚕要大量蚕食桑叶，历经三眠，吐丝作茧，这时（约农历四月或五月），内务府官员提请皇后再到先蚕坛，在具服殿内亲自拣选由蚕母奉上的优质蚕茧（从中再挑出外观养眼的几枚，带回皇宫献给皇帝、皇太后观看），然后在织室金盆内缫丝三次，从祭的妃嫔缫丝五次。

采桑叶、缫丝这些原本出自民间生产生活的平常内容，在皇家礼仪活动中升格为肃穆、凝重的祭神议程。这些活动与先农坛亲耕耤田一样，成为中国古代祭祀文化中特色鲜明的、富有浓郁农业生产特色的、紧接中华民族农业文明地气的独特祭祀形式。

孝贤皇后亲蚕图（局部，台北故宫博物院藏）：祀神

孝贤皇后亲蚕图（局部，台北故宫博物院藏

清代历史上最为隆重的一次皇后先蚕坛亲祭先蚕之神、行躬桑之礼，发生在乾隆九年（1744 年）。乾隆七年（1742 年），新的先蚕坛建成，乾隆八年（1743 年），乾隆帝确定清的皇后亲祭先蚕坛仪程仪轨。乾隆九年农历三月初三“皇后亲享先蚕坛，翼日行躬桑之礼”（《清朝文献通考·卷一百二·郊社十二》），由皇后富察氏按照先蚕仪程仪轨进行了开国第一次亲桑享先蚕，活动庄严、肃穆、圆满，仪式隆重，可谓首开告成。乾隆帝在欣喜之余，命宫廷画师郎世宁绘《孝贤皇后亲蚕图》，以志纪念。

孝贤皇后亲蚕图（局部，台湾故宫博物院藏）：选蚕种

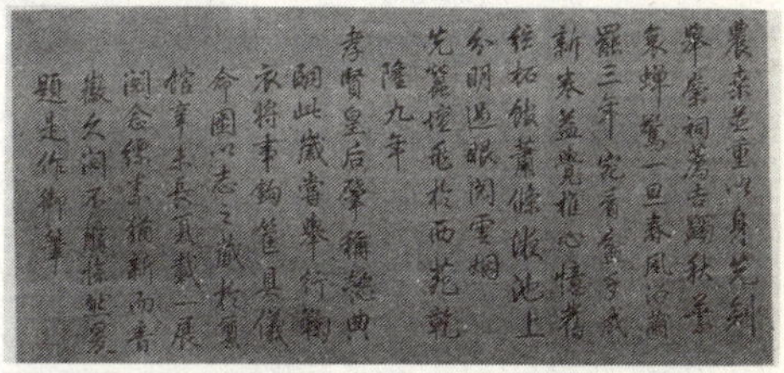

《孝贤皇后亲蚕图》背面的乾隆御笔

郎世宁，Giuseppe Castiglione（1688—1766 年），意大利人，原名朱塞佩·伽斯底里奥内，生于米兰，清康熙五十四年（1715 年）作为天主教耶稣会的修道士来中国传教，随即入宫进入如意馆，成为宫廷画家，曾参加圆明园西洋楼的设计工作，历任康、雍、乾三朝，在中国从事绘画达 50 多年。

《孝贤皇后亲蚕图》，绢本设色，51 厘米 ×590.4 厘米，台湾故宫博物院藏，四卷，由郎世宁、金昆、程志道、丁观鹏等宫廷画家合作绘制。内容分别描绘孝贤皇后富察氏诣坛、祭坛、采桑、献茧四步仪程，目的是“命图以志之，藏于玺馆”。推测画作完成于当年仪式进

孝贤纯皇后像（北京故宫博物院藏）

先蚕坛具服殿内景

行后不久。据《养吉斋丛录》卷七载，《孝贤皇后亲蚕图》绘制完成后，乾隆帝曾御制《先皇后亲蚕图成命弆藏蚕馆并志以诗》一首题于该图之后，诗曰："农桑并重以身先，创举崇祠荐吉蠲。秋叶哀蝉惊一旦，春风浴茧罢三年。宛看盆手成新卷，益觉椎心忆旧弦。柘馆萧条液池上，分明过眼阅云烟。"诗后附有跋曰："先蚕坛垂于西苑，乾隆九年，孝贤皇后肇称懿典，嗣此岁尝举行，鞠衣将事，钩筐具仪，命图以志之，藏于茧馆。辛未长夏载一展阅，念缥素犹新，而音徽久閟，不胜怀然，爰题是作御笔。"此跋题于乾隆十六年（1751 年）。

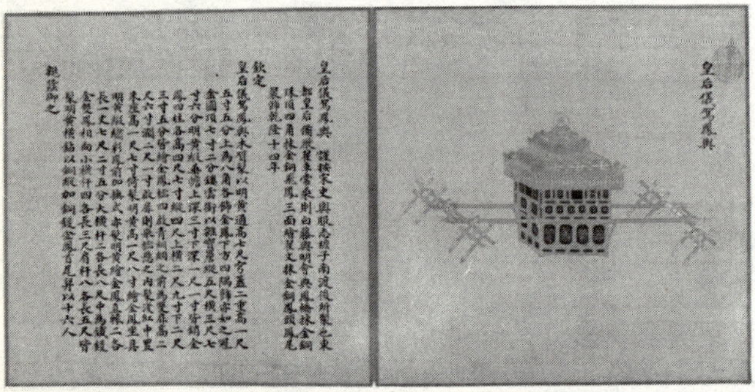

皇后仪驾凤舆

皇后富察氏于乾隆十三年（1748 年）病逝，乾隆帝因追思亡妻之故，命人将首次亲蚕礼成后所得蚕丝织造的丝帛永远作为纪念之物，以为宫中观瞻。

至清亡，皇后亲行先蚕祭祀、躬桑之礼计 54 次，亲行缫丝之礼计四次（以上数据来自《清实录》）。有趣的是，亲行先蚕祭祀、躬桑之礼贯穿乾隆以降，而行缫丝之礼却只出现于光绪年间，由此，清代成为中国古代国家祭祀先蚕之神次数最多的王朝。

“宣统三年三月，丁巳。祭先蚕之神。遣总管内务府大臣增崇行礼”（《宣统政纪》卷五十一），这是清代最后一次举行先蚕坛的祭祀活动。从此以后，先蚕之神西陵氏嫘祖的国家祀典正式退出了中国历史舞台，随着文明的演进逐渐为人们所淡忘。

清代皇后亲桑三礼仪程

依照《清朝文献通考·卷一百二·郊社十二》，我们还原出皇后亲桑三礼仪程：亲祭仪程、躬桑仪程、缫丝仪程。

亲祭仪程：

一、确定季春吉巳日。

二、礼部题请。

三、祭祀之前两天礼部尚书检查祭祀牺牲。

四、斋戒。之前太常寺进斋戒牌及铜人置于交泰殿。

五、祭祀前一天，奉宸苑卿率属下清洁先蚕神坛，太常寺准备祭祀现场的器用。

六、祭祀当天丑时，内务府总管及宫殿监侍等码放礼器、乐器，确定皇后拜位及从

交泰殿

祀者拜位、现场官员位。

七、祭祀当天卯时，妃嫔以下从祀者到达坛内等候皇后。

八、辰时一刻，太常寺卿及内务府总管赴乾清门，报请皇后出宫，皇后及妃嫔随即乘舆出宫；蚕宫令请先蚕神位到神坛。

九、皇后到达先蚕坛，于具服殿稍歇，妃嫔入具服殿东西配殿稍歇。

十、祀神开始：迎神，奏《庥平之章》。行初献、亚献、终献之三献礼，奏《柔平之章》。送神，奏《洽平之章》。

十一、埋瘗望瘗。

十二、礼毕，皇后及嫔妃至具服殿更衣，还宫。

躬桑仪程：

一、皇后亲祭先蚕礼成后如蚕卵孵化成蚕蚁，皇后散斋一日（如第二天蚕卵未孵化，则等到孵化后择日行礼）。

清代皇后躬桑礼服

二、内务府官以龙亭载皇后亲桑工具金钩黄色筐、彩亭载从桑嫔妃银钩朱筐至交泰殿，将工具置于殿内案上，请皇后阅看，阅后工具被送至先蚕坛桑林。

三、奉宸苑卿等在先蚕坛观桑台布置观桑仪式现场器用，确定台下正南东西首行第一株、第二株、第三株、第四株分别为皇后躬桑之位、嫔妃及公主福晋、命妇从桑位。

四、仪式当日辰时一刻，礼部尚书及内务府总管赴乾清门，报请皇后出宫，皇后及妃嫔随即乘舆出宫，此时其他从桑人员已于西苑南门内等候。

五、皇后到达先蚕坛，于具服殿稍歇，妃嫔入具服殿东西配殿稍歇。

六、行躬桑之礼，皇后采桑叶三片，其间奏《采桑歌》。采毕，登观桑台。

七、皇后观桑，公主福晋、命妇行采五片、九片之礼。完毕，众人所采桑叶交蚕母送至蚕室。

八、皇后至具服殿，众从桑人员向皇后跪拜，还宫。

缫丝仪程：

一、桑蚕结茧的消息告知皇后之后，皇后命官员于先蚕坛设酒果献祭，命于织室陈设缫丝器具。

二、皇后着常服出宫至先蚕坛，不设仪仗，从桑妃嫔陪同。

三、蚕母、蚕妇将蚕茧献皇后，皇后于具服殿中挑其圆润光洁的存入木匣。

四、皇后至织室缫丝处缫丝三下，妃嫔缫丝五下。

五、礼毕，还宫，皇后将挑选的优质蚕茧献于皇帝、皇太后。

【附】清代先蚕之神的祭祀陈设、祭祀乐章

按光绪《清会典》，先蚕之神的祭祀陈设与同属中祀的先农之神祭祀陈设相同：

祭台台面正中的北侧：设先蚕神位神幄，黄色，长方形，坐北向南。

神幄内：怀桌一张，坐北向南，陈设“先蚕之神”神牌。

笾豆案一张，坐北向南，陈设红色爵垫一件、爵三件、登一件、铏二件、簠二件、簋二件、笾十件、豆十件、篚一件、琖三十件。

神幄外：幄前笾豆案前为俎，坐北向南，内置犊、羊、豕太牢三牲，三牲北向。

俎前为几三件，中间陈设铜香炉，左右陈设白色鱿镫。

幄前偏西侧祝案一张，坐北向南，陈设祝板。

幄前偏东侧馔桌一张，坐北向南，陈设盛有神馔的木盘一件。

祭台台面东侧：福胙桌一张，坐东向西。

尊桌一张，坐东向西，陈设尊三件，罩布幂，有锡酒勺。

接桌一张，坐东向西，陈设木香盒一件。

祭台台面西侧：接福胙桌一张，坐西向东。

祭台台面南侧：设皇后拜位幄，黄色，内为拜褥。

先蚕之神的祭祀乐章：

先蚕坛祭祀有乐无舞。按《清史稿》载“祭先蚕六章，乾隆七年定。仲吕清角立宫，大吕清宫主调。先蚕坛乐，以云锣代钟，方响代磬”，与中和韶乐微异：

①迎神，奏《庥平之章》：轩辕御箓时，西陵位正妃。柔桑沃，载阳迟。黼黻（fǔ fú）玄黄供祀事，称茧更缫丝。龙精报贶，椒屋宗师。

②初献，奏《承平之章》：春堤柳绽金，仓庚有好音。衣袆翟，致精忱。后月躬应教织纴。柘馆式斋心。黄流初荐，肸（xī）蚃（xiǎng）如临。

③亚献，奏《均平之章》：清和日正长，灵坛水一方。纡香陌，执籧筐。桑叶阴浓风澹荡，八育普嘉祥。玉鬯（chàng）再陈，降福穰穰。

④终献，奏《齐平之章》：神皋接上园，葭芦翠浪翻。莺声滑，藕花

繁。天棘丝丝初引蔓，三荐洁苹蘩。云依宝鼎，露浥（yì）旌幡。

⑤撤馔，奏《柔平之章》：公宫吉礼成，有斋奉豆登。僮僮被，肃肃升。废彻毋迟咸祗敬，法坎不常盈。万方衣被，百福其朋。

⑥送神，奏《洽平之章》：神风拂广筵，灵香下肃然。仪不忒，礼无愆。禺马流星相焫（ruò）绚，玉蝀亘平川。彤管司职，瑞茧登编。

【附】清代皇后躬桑采桑歌、采桑歌乐器

光绪《清会典事例》卷三一四载，清代依照皇帝亲耕时演唱的耕耤三十六禾辞，定制了皇后采桑时演唱的采桑歌，“执彩旗者四十人，司金、鼓、板六人，司笙、箫、笛十有八人，歌者十人。在桑林外东西序列，咸以内监充之”。就是说，现场乐工均为太监，演唱的十人，所用乐器为桑歌锣、桑歌鼓、桑歌拍板（以上都与先农坛皇帝亲耕耤田时演唱三十六禾辞的禾辞锣、禾辞鼓、禾辞拍板相同）以及笙、箫、笛（均为中和韶乐所用乐

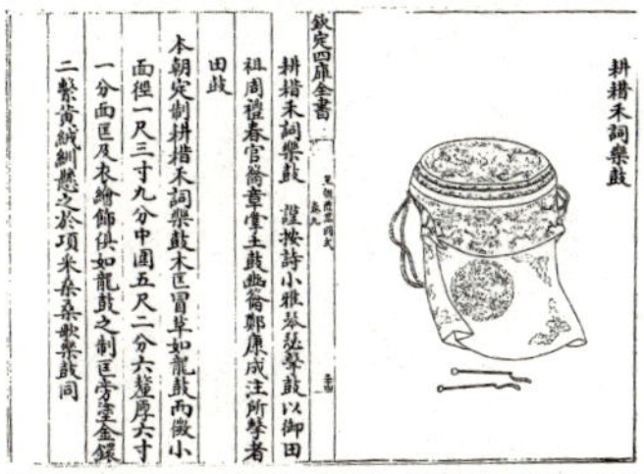

皇后躬桑采桑歌乐器：鼓（《皇朝礼器图式》）

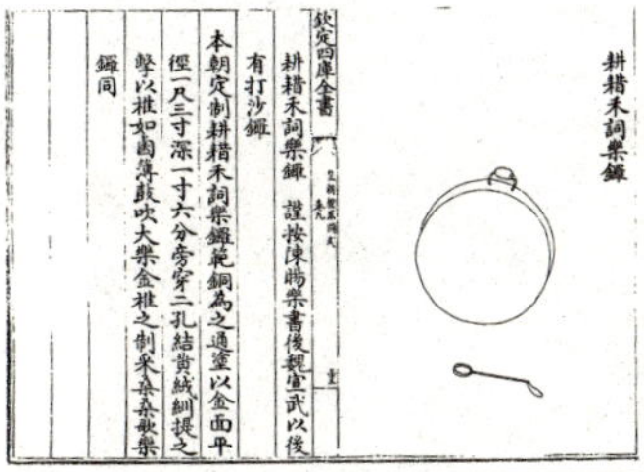

皇后躬桑采桑歌乐器：锣（《皇朝礼器图式》）

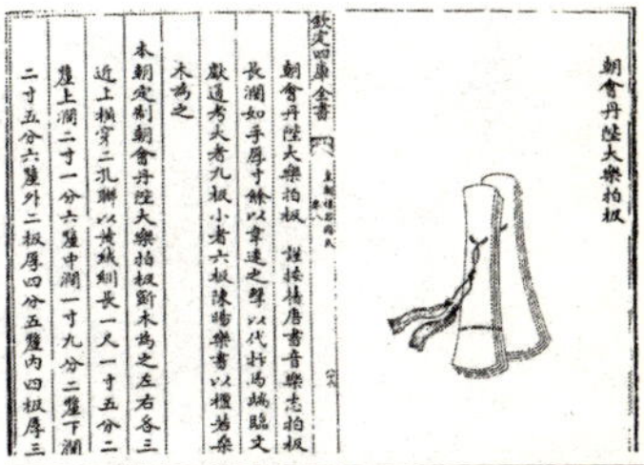

皇后躬桑采桑歌乐器：拍板（《皇朝礼器图式》）

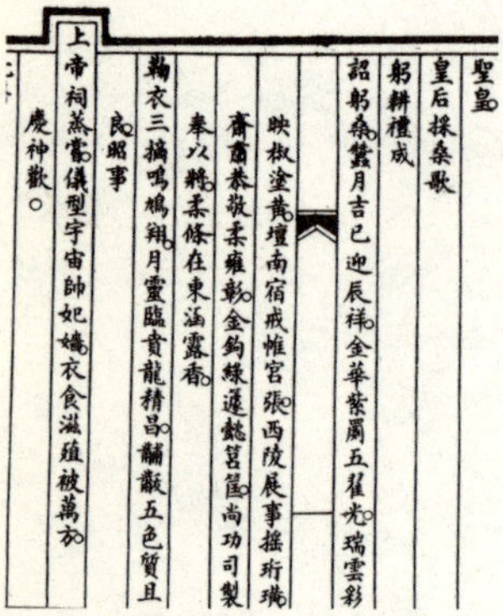

聖皇
皇后採桑歌
躬耕禮成
詔躬桑蠶月吉巳迎辰祥。金華紫罽五翟光。瑞雲彩映椒塗黃。壇南宿戒帷宮張。西陵展事搖珩璜。
齋肅恭敬柔雍彰。金鉤綠蘧懿筥筐。尚功司製奉以將。柔條在東涵露香。
鞠衣三摘鳴鳩翔。月靈臨賁龍精昌。黼黻五色質且良。昭事
上帝祠蒸嘗。儀型宇宙帥妃嬙。衣食滋殖被萬方。慶神歡。

皇后采桑歌的记载（光绪《清会典事例·内务府》）

器），演奏者共计 24 人，打彩旗者 40 人。

皇后躬桑采桑歌：

躬耕礼成诏井桑，蚕月吉巳迎辰祥。

金华紫罽（jì）五翟（dí）光，瑞云彩映椒涂黄。

坛南宿戒帷宫帐，西陵展事摇珩璜。

斋肃恭敬柔雍彰，金钩绿籧（qú）懿筥筐。

尚工司制奉以将，柔条在东涵露香。

鞠衣三摘鸣鸠翔，月灵临贲龙精昌。

黼黻五色质且良，昭事上帝祠蒸尝。

仪刑宇宙帅妃嫱，衣食滋殖被万方。

【附】清代清漪园耕织图的蚕神庙

民国初年的颐和园耕织图附近景色

清代清漪园（即现今颐和园），是清代北京西山地区皇家园林三山五园之一。颐和园西部的耕织图景区，是历史上隶属于颐和园的一个独立景区，始建于清乾隆十五年（1750 年）。当时，清漪园经过了多年的营造，湖山之间的亭台楼阁已初具皇家园林富丽堂皇的气势与规模，只有玉带桥西北的稻田水景尚保持着原始的村野风光，为了延续这一酷似江南风韵的水墨丹青，乾隆将位于地安门东南方附近的内

民国初年的颐和园耕织图附近景色

颐和园“耕织图”景区的蚕神庙外景

颐和园“耕织图”景区的蚕神庙内景

务府织染局，全部迁移到玉带桥西北与稻田毗邻的地方，既体现他劝课农桑的思想，又把皇家丝纺部门的农桑内涵与园林修造紧密结合，以艺术的视角再现历史上《耕织图》中描绘的田园秀丽景色。1860年，英法联军焚毁了清漪园，耕织图景区的建筑荡然无存，只留下一块乾隆皇帝御笔亲题的“耕织图”石碑。1886年，慈禧以恢复昆明湖水操的名义，动用当时的海军经费，在耕织图景区废墟上兴建了水操学堂，使此处又成为了专门培养八旗海军人才的皇家学府。2004年颐和园耕织图景区复建，既体现了原耕织图景区的部分建筑（延赏斋、蚕神庙、耕织图石刻长廊等），也体现了1886年后的水师学堂。

因为织染局是皇家专用的丝纺及染造部门，所以按照古时的传统要祭祀行业神。为此在织染局内设立蚕神庙，以为内务府织染局官员、织工和染工平日祀神之用。

颐和园耕织图蚕神庙，是清代皇家祭祀蚕神的又一处重要场所，其重要性仅次于位于西苑的先蚕坛。

第三章
先蚕坛的建筑

我们今天所说的先蚕坛，位于北京北海公园的东北隅，总占地面积约 17000 平方米，建于清乾隆七年（1742 年），原为明代雷霆洪应殿旧址。乾隆十三年（1748 年）、道光十七年（1837 年）及同治、宣统朝时均有修缮。

历史上先蚕坛内的建筑，包括先蚕神坛、观桑台、具服殿（亲蚕殿、茧馆）、织室（后殿）、蚕神殿、神厨、神库、井亭、宰牲亭、先蚕坛祠祭署、蚕室、游廊、桑园、浴蚕池等。坛内东侧有一条贯通南北的小河，名为浴蚕河。先蚕坛是清代重要的皇家坛庙之一，也是现存唯一一处中国古代皇家祭祀先蚕之神的场所。与北京先农坛一样，它们共同承载着阐释中国古代大农业文化的历史使命。

一、建筑沿革

据《春明梦余录》、《国朝典汇》等史料记载，明代北海东北隅（今北海后门），有闸桥称作北闸口，其上建有一亭名曰北闸口亭。嘉靖十三年（1534年）六月初六日，将其更名为涌玉亭。嘉靖十五年（1536年），在涌玉亭兴建金海神祠，以祀宣灵宏济之神、水府之神、司舟之神。嘉靖二十二年（1543年）又更名为宏济神祠，祠内新建道观雷霆洪应殿，组群宏伟，有坛城、轰雷轩、啸风室、嘘雪室、灵雨室、耀电室、清一斋、宝渊门、灵安堂、精馨堂、驭仙次、辅国堂、演妙堂、八圣居等，清代拆除雷霆洪应殿后在这里建造了先蚕坛。

先蚕坛鸟瞰（《北海景山公园志》）

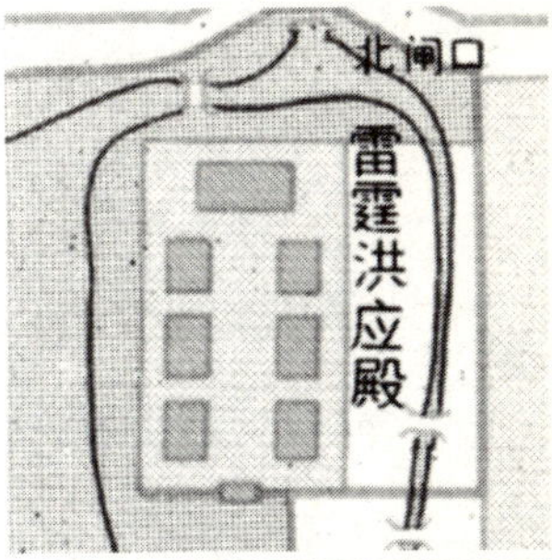

明代晚期的雷霆洪应殿（侯仁之:《北京历史地图集》）

清　代

第二章中，已对清代先蚕坛的创建过程有了勾勒。这一章，我们要较为详细地向读者展示一下先蚕坛的建筑面貌以及它们几百年来走过的风风雨雨。

如前章所述，清代立国之初，承袭明制，先蚕坛并未列入祀典。清圣祖康熙曾在西苑丰泽园之东设立蚕舍，植桑养蚕、浴茧缫丝，并在内府设置了额定825名匠役，设立织染局，织染自产蚕丝。雍正十三年（1735年），河东总督王士俊奏疏请祭祀先蚕："百神各依本号，如农始炎帝，止称先农神，则蚕始黄帝，亦宜止称先蚕神。按周制，蚕于北郊。京师为首善之地，应于北郊建坛奉祀。"工部右侍郎图理琛奏请"立先蚕祠安定门外，岁季春吉巳，遣太常卿祀以少牢"（《清史稿·志五十八·礼二》)。这时的雍正帝已久病缠身，将不久于人世，因而请立先蚕坛的建议就搁置了下来。

直到乾隆七年（1742年）七月，大学士鄂尔泰又上奏折，请建先蚕坛：

古制天子亲耕南郊，以供粢盛。后亲蚕北郊，以供祭服。我皇上亲耕耤田，以示重农至意。乾隆元年议建先蚕祠宇，所以经理农桑之道，至为周备。今又命议亲蚕典礼。伏思躬桑亲蚕，历代遵行，但北郊蚕坛，向在安定门外。前明嘉靖时，以后妃出入道远亲莅未便。且其地水源不通，无浴蚕室，遗址久经罢废。考唐宋时后妃亲蚕多在宫苑中，明代亦改建于西苑……今逢重熙累洽，礼明乐备之时，亲蚕大典，关系农桑，自应遵旨举行，以光典礼。其应相度蚕地建立蚕坛蚕宫从室之处，请交内务府会同工部等衙门办理。

——《清朝文献通考·卷一百二·郊社十二》

鄂尔泰提出了建立先蚕坛的动因是要遵从“帝亲耕南郊，后亲蚕北郊”的古制“以光典礼”。这时清朝立国已近百年，国家各项统治秩序已臻完善，而先蚕典礼的缺失，显然有违乾隆朝宫闱礼仪制度的完备性。在农桑为本、男耕女织的封建时代，既然皇帝要耕耤田祭先农，皇后作为六宫之首母仪天下，当然要起表率作用，因而建立先蚕坛的计划便提上议事日程。

同年八月初四，这天内务府大臣海望根据鄂尔泰的奏折，进一步提出了建坛构想，这个构想俨然是在详细考证历代先蚕祭祀之制的基础上提出的一个成熟的、具有可操作性的建坛规划：

奴才海望谨奏，为请旨事。窃惟古制，天子亲耕以供粢盛，后亲蚕以供祭服。自昔亲蚕大典，原与亲耕之礼并重。奴才谨按历代旧制，《周礼》仲春天官内宰，诏后率内外命妇蚕于北郊。有公桑蚕室，近川而为之，筑宫仞，有三尺棘墙，而外闭之。汉制蚕于东郊。魏黄初中蚕于北郊。晋太康年间蚕于西郊。立先蚕坛，高一丈，方二丈，四出陛，陛广五尺。在采桑坛东南，帷宫外门之外，而东南去帷宫十丈，在蚕室西南，桑林在其东。宋孝武置蚕室建大殿又立蚕观。北齐置蚕坊于京城北，去皇宫十八里，外有蚕宫，方九十步，墙高一丈五尺，其中起蚕室二十七（间），别建殿一区置蚕宫。令亟宦者为之，路西置皇（室）后。蚕坛高四尺，方二丈，四出陛，陛各广八尺。置先蚕坛于桑坛东南，坛高五尺，方二丈，四出陛，陛各五尺，外兆方四十步，面开一门，有椽檐棂构。隋制，先蚕坛于宫北三里，为坛高四尺。唐立先蚕坛于长安宫北苑中，高四尺，周回三十步。开元年间，又为瘗埳于坛之壬地。内壝之外，方深取足容物，南出陛，又为采桑坛于坛南二十步所，方三丈，高五尺，四出陛，量施帷幛于外壝之外。宋真宗朝筑先蚕坛于东郊，从桑生之义，其坛酌中用北齐之制。神宗年间定祀先蚕不设燎坛，但瘗埋以祭，徽宗朝仿北齐制，置公桑蚕室，度地为宫，四面为墙，高仞有三尺，上被棘。中起蚕室二十七（间），别建殿一区为亲蚕之所，仿汉制置茧馆，立织室于蚕宫中，养蚕于箔，度所用之数为桑林，筑采桑坛于先蚕坛南，相距二十步，方三丈，高五尺，四出陛。明嘉靖九年，建先蚕坛于安定门外，准先农坛制，旁设采桑坛，仿籍田制。共别殿如南郊。斋制少减其数，即斋宫旁起蚕房，为浴蚕室。后改筑坛于西苑仁寿宫侧。坛高二尺六寸，四出陛，广六尺四寸。东为采桑坛，方一丈四尺，高二尺四寸，三出陛。台之左右树以桑，东为具服殿，殿北为蚕室，又为从室，以居蚕妇。设蚕宫署于宫左，置蚕宫令一员，丞二员，择内臣谨恪者为之。是历代建立蚕坛规制，仿于周时，至北齐而制度略备，嗣后由唐宋以至于明，虽互有增益，大概悉仿北齐之制而扩充之。奴才谨就各朝所定，详加酌量，援古制以为程，据地形而相度，拟建先蚕坛所，南向方广二丈六尺，四出陛。采桑坛所，古制原有东向，取桑生之义。今拟用东向，方广一丈四尺，三出陛，于坛之四围广植桑树。建蚕宫正殿五间，配殿六间为新蚕室，织室五间，茧馆六间，从室二十七间。外建神库九间，蚕宫署九间。至具服殿一区，创自明嘉靖年间，从前各朝采用帷幕，均未议定建殿宇，现已于图样内照明代将具服殿画就，如减盖或仿晋唐之制，酌用帷幕，谨绘成图样三张。恭呈御览，伏候圣明指定，另行放样烫胎呈览。至于高下丈尺及应需工料统俟逐细估计，奏请谕旨遵行，为此谨奏。

——中国第一历史档案馆《奏销档》206—208 册

海望历数了前朝各代先蚕坛的规制，据此初步拟定出清先蚕坛的建筑形制，并进行了绘图和模型（烫样）制作。

同年九月初八，海望又上奏道：

乾隆七年八月二十六日将先蚕坛烫样呈览，奉旨照样准做，钦此。钦遵随即率员踏勘，约估得先蚕坛祭台、采桑台、蚕宫、织室、茧馆、神库、神厨、井亭，从室殿宇房座八十七间。天门、宫门、瘗坎、方河、桥闸十一座并各处随墙门座、大墙、月台、海墁甬路，填筑海岸河道，起培地基以及拆修外围大墙等项，除需用颜料向户部领用，琉璃瓦料、杉木、架木、席竿向工部取用，绫绢纸张、铜锡物料，向广储司领用，亮铁槽活交武备院办造，并遵旨将建福宫、瀛台等处余剩木、石、砖瓦选用外，所有办买木、石、砖、灰、绳、麻、钉、铁、杂料等项，以及各作匠夫工价，约估银九万六千五百余两。再查得兔儿山前有旋磨台一座，经年久远，倾圮不堪，其中周围砖块甚多，并有补垫河帮石料，此项旧有砖石不便任其弃置，今现在修建蚕坛，奴才愚见请即将此项砖石拣选添用，约估银砖块值银四千三百余两，石料值银三千四十余两，除将前项约估银两扣除外，净应需银八万九千一百六十余两，请向广储司支领应用，以便今冬备料，明春兴修。谨将约估殿宇、房座需用物料工价银两数目另缮清单，一并恭呈御览。为此谨俱奏闻。

——中国第一历史档案馆《奏销档》206册

海望的两个奏折，是建造清代先蚕坛的重要历史文献。

海望将先蚕坛的设计方案和工程预算呈报皇帝，乾隆帝大为高兴，对此规划予以批准。从乾隆七年（1742年）九月二十日动工至乾隆八年（1743年）九月二十七日，先蚕坛建成完工。据乾隆七年十一月二十一日《奏销档》记载，先蚕坛建设共“销算银七万四千一百二十七两七钱二分二厘”，比预算有所结余。

新建成的先蚕坛，垣周160丈（合今512米），占地面积17160平方米。《日下旧闻考》卷二八记载了先蚕坛的形制：

先蚕坛在西苑东北隅。先蚕坛乾隆七年建，垣周百六十丈。南面稍西正门三楹，左右门各一。入门为坛一成，方四丈，高四尺，陛四出，各十级。三面皆树桑柘，西北为瘗坎。我朝自圣祖仁皇帝设蚕舍于丰泽园之左，世宗宪皇帝复建先蚕祠于北郊，嗣以北郊无浴蚕所，因议建于此。坛东为观桑台，台前为桑园，台后为亲蚕门，入门为亲蚕殿。观桑台高一尺四寸，广一丈四尺，陛三出。亲蚕殿内恭悬皇上御书额曰“葛覃遗意”。联曰：“视履六宫基化本；授衣万国佐皇猷。”亲蚕殿后为浴蚕池，池北为后殿。后殿恭悬皇上御书额曰“化先无斁（yì）”。联曰：“三宫春晓觇鸠雨，十亩新阴映鞠衣。”屏间俱绘《蚕织图》，规制如前殿。宫左为蚕妇浴蚕河。南、北木桥二，南桥之东为先蚕神殿，北桥之东为蚕所。浴蚕河自

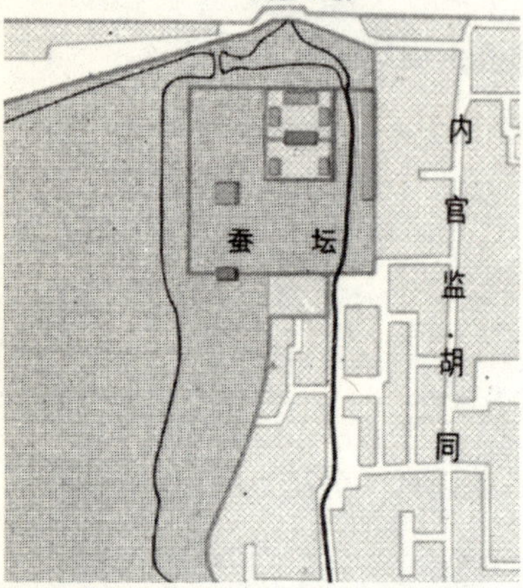

清代先蚕坛位置（清乾隆十五年，1750年。侯仁之《北京历史地图集》）

外垣之北流入，由南垣出，设牐（zhá）启闭。先蚕神殿西向。左右牲亭一，井亭一，北为神库，南为神厨。垣左为蚕署三间，蚕所亦西向，为屋二十有七间。

院内殿宇、游廊、宫门、井亭、亲蚕门、墙垣均为绿琉璃瓦屋面，通蚕桑之意。将先蚕坛建于西苑之中，既方便了皇后妃嫔等亲蚕，又与园林景观融为一体，将坛庙建筑的规整庄严融于西苑景致优美的山水风光中，匠心独运又相得益彰。

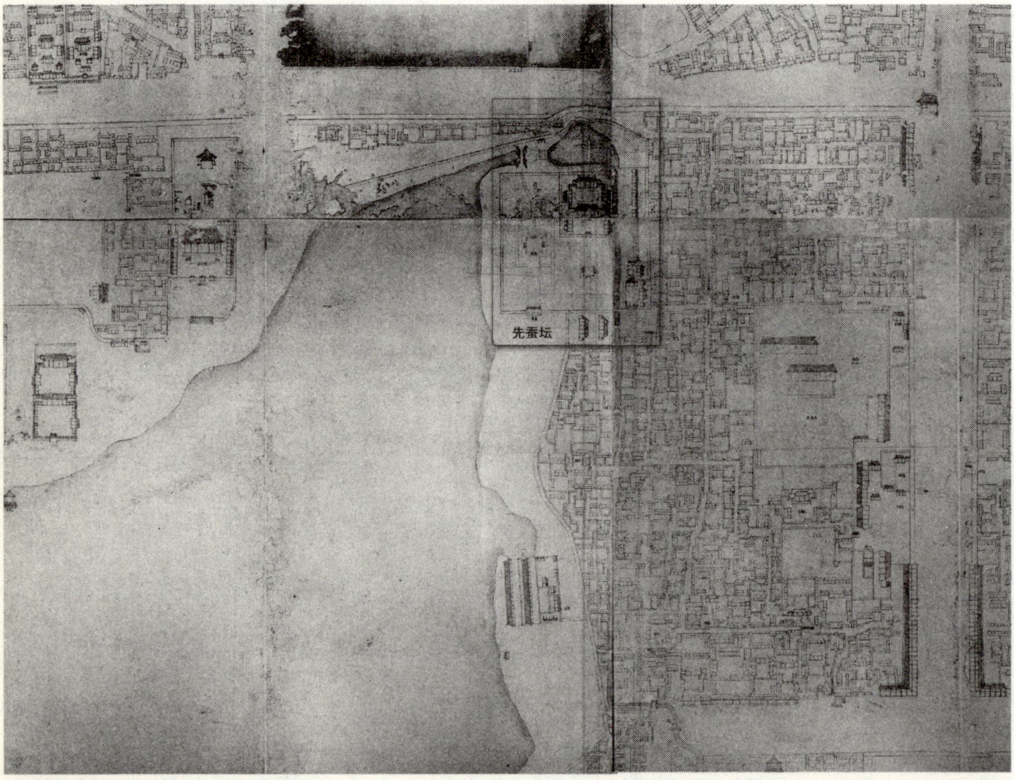

《乾隆京城全图》中的先蚕坛

乾隆九年（1744年）春，孝贤皇后富察氏举行了清代的第一次亲蚕典礼。先蚕坛上支起黄色帷幕，幕帐内供奉先蚕之神的神位及各种祭品。孝贤皇后在妃嫔陪同下来到祭坛，向先蚕之神跪拜、上香、献祭，然后行躬桑礼。皇后手持金钩与金筐，在蚕坛内的桑林中亲自采摘三片桑叶，之后登上观桑台，坐观陪祭嫔妃公主、福晋、命妇们依次采桑。采桑结束后，所采桑叶送到蚕室喂蚕，整个祭礼即告结束。

蚕坛建成不久即发生火灾，烧毁蚕舍十四间。乾隆十三年（1748年）十月三十日奏案：

总管内务府谨奏：为奏闻料估钱粮数目事。据提督九门兵巡捕三营统领衙门文开，乾隆十三年十月十九日本衙门奏称，本月十八日晚间蚕坛内东边养蚕房失火，烧毁房九间，交总管内务府修造。等因具奏。奉旨，知道了，钦此。钦遵前来，臣等交该司料估得，据该司料估呈称，蚕坛内失火烧毁养蚕六檩房九间，灭火拆毁养蚕房三间，太监值房二间，共房十四间，内烧毁房九间，照依旧式重复盖造，安砌台阶、柱顶，竖立大木，头停铺望板，苫背瓦布筒瓦，成砌山檐隔断坎墙，屋内定锭棚、墁地、搭炕装修，红土油油饰。拆毁房五间，挑换头停，除将宫房内现今歪斜将圯房九间拆毁，旧木砖瓦石块应用外，共用银六百三十一两七钱二分一厘，向官房收租库领取等因。

到乾隆二十二年（1757年），对先蚕坛进行了扩建。据《奏销档》记载：

乾隆二十二年五月二十七日，遵旨。先蚕坛南边新建宫门三间，前殿五间，抱厦三间。后殿五间，前后抱厦六间。配殿二座，记六间。周围转角游廊三十六间。殿前豆渣石水池一座。东边临河房三间，游廊十二间。随山式院墙凑长五十六丈二尺，随墙门楼一座，石桥一座，牌楼二座，山石出水河口一道。南边点景房四座计二十二间，游廊二十九间，山石水池一座，青砂石弯转桥一座，东边筒子河一道。并挪盖船坞一座，计十一间。值房、库房十四间，院墙三十丈，龙王庙三间，请旗房四间，并成堆土山，培垫河沿，堆做山石泊岸以及油饰彩画裱糊等项目……共约需银八万八千七百三十五两。

道光十七年（1837年）十二月奏案：

先蚕坛具服殿一座五间，内西梢间折盖，其余四间揭瓦；更衣殿一座五间，配殿四座，每座三间，游廊四座，每座五间，净房二座计二间，俱揭瓦；神殿一座三间，配殿三座，每座三间，省牲亭一座，俱揭瓦；井亭一座折盖。宫门一座，亲蚕殿一座，俱夹陇；蚕池一座，水箱一座折修以及折修、粘修涵洞、拜台、采桑坛、月台陛、木影壁、坛墙、院墙、随墙门口、折墁甬路、海墁散水。

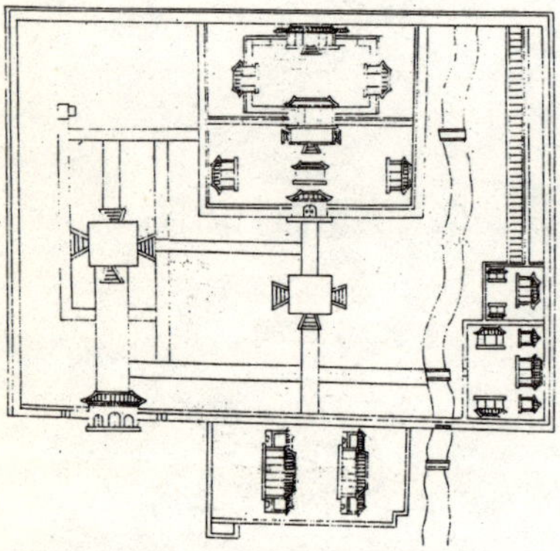

先蚕坛总图（乾隆《清会典》）

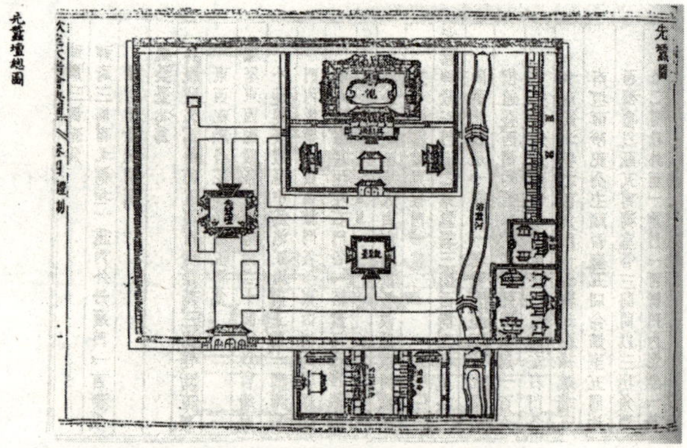

先蚕坛总图（嘉庆《清会典》）

同治二年（1863年）四月十九日奏案：

蚕坛内木板桥一座，栏杆间有散坏，板片间有损坏。蚕坛内外门墙垣间有坍塌，东大墙里外皮坍塌。

宣统三年（1911年）六月奏案：

自宣统三年三月至五月初五止，传做各项活计……蚕坛后木板桥一座，计三孔，各长一丈，宽一丈五尺，代挂檐。满换栏杆挂檐板并桥板，计板厚五寸五分，栏杆十四堂，两边挂檐板凑长六丈六尺，宽一尺二寸，厚二寸，随铁活。油饰栏杆，挂檐板俱使无光柿红油做。

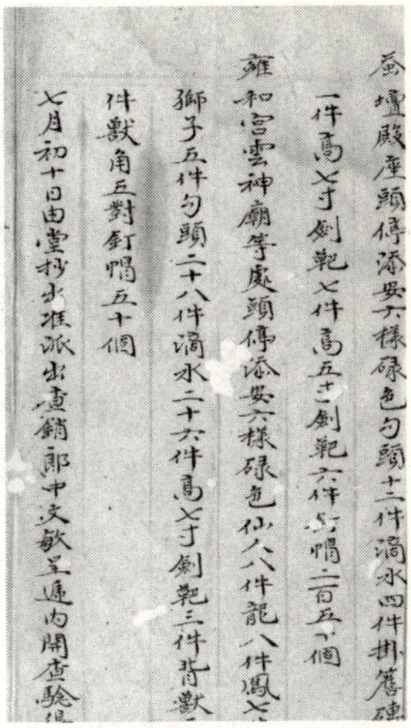

修缮先蚕坛奏折（清嘉庆十五年，1810年）

民国及新中国时期

进入民国后，先蚕坛一直闲置，作为北海的一部分存在，建筑多已陈旧，存在不同程度的凋敝。据成书于1924年的《三海见闻志》记载，先蚕坛曾为河道派出所使用。1925年北海公园开园以后，被拆除的西苑小火车钢轨曾运至先蚕坛搭建房屋。

1939年初，北京大学医学院决定暂借北海先蚕坛成立研究院。据北京大学医学院第九七号公函记载：“为设置研究院请暂行拨借北海蚕坛前历史语言研究所原址为院址，因亟待成立着手修理希查照惠允等因到会。”因事关拨借政府公产一事，故由当时的伪北京特别市公署出面，发出公字第二四五号指令：

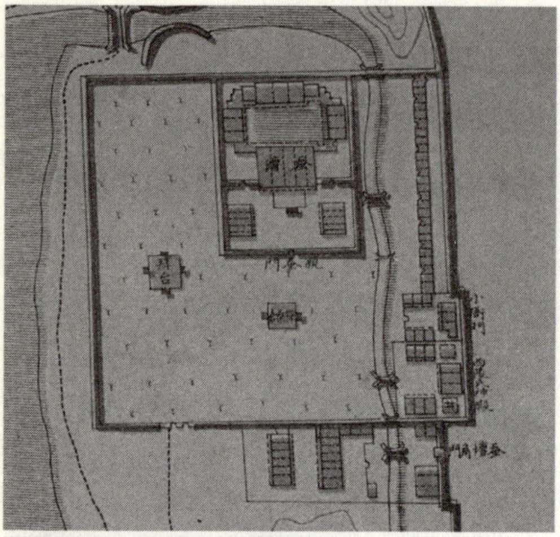
民国初年的先蚕坛平面图（1912 年）

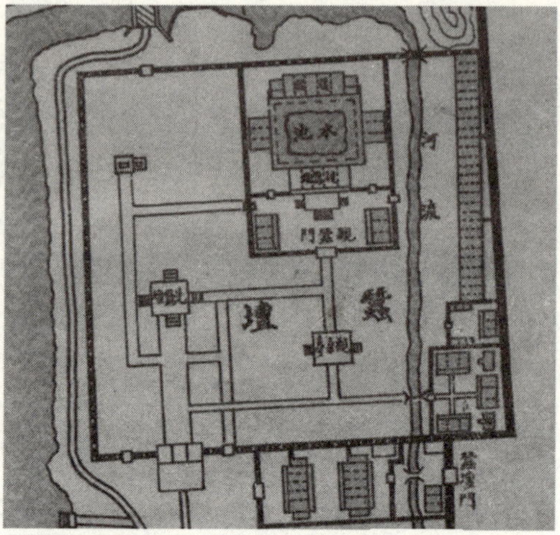
先蚕坛平面图（1925 年）

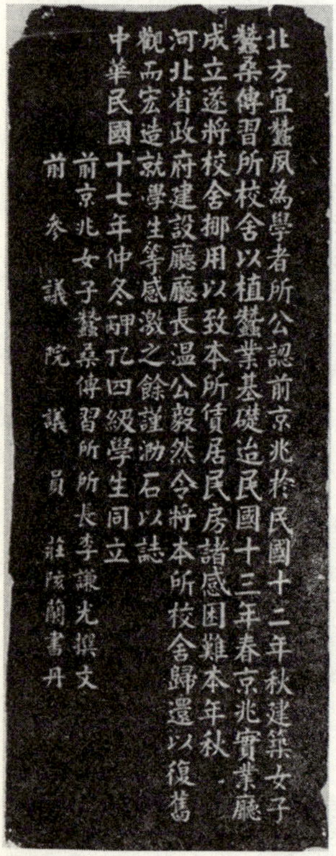

京兆女子蚕桑传习所校舍碑（1928 年 11 月立）

呈悉案经函准教育部二十八年一月九日咨覆，查本部所属医学院此次设立研究院，因一时无适当房屋可资应用，爰由本部将前历史语言研究所档案挪出暂行借拨该院为院址，一俟觅得相当地点即行迁让。相应资请查照准予继续借用等因，准此查所请借用蚕坛房屋一节，准予暂借一年。

1939年5月15日，国立北京大学医学院研究院（简称研究院）与北海公园委员会（简称公园）因借用先蚕坛房屋订立合同如下：

一、公园为赞助教育文化起见，依照呈准北京特别公署定案允将蚕坛内坛全部殿宇暂行借与研究院为办公之用，但研究院不得将该处转借转租并不得移作他项用途。

二、暂借期限依照市公署规定以一年为度，期满研究院应将房屋交回公园。如未届满期研究院已另觅妥院址时，亦得提前将房交回公园。

三、借用范围蚕坛内前后院计大小房二十八间，游廊二十四间，但界外未经公园允许研究院不得扩充占用之。其一切打扫仍由公园负责。

四、借用期内遇有研究院来宾入园时除有特别规定外，仍须照章先购公园游览券。

五、原来建筑物附着物及所有设备研究院应加珍护，非得公园同意不得变更。

六、借用范围内原有附着物及设备装修等件，另缮清单附粘本合同以资查考。

七、借用范围内得由研究院依照旧制修葺不加变更，但已经研究院增修之各项建筑物及毗连之附着物于将来交房时一并交还公园。

八、研究院职员及其事务关系之人员先期开单交由公园给予入门证，工役则由公园给予腰牌，进公园前后门必须持验其有外来差役及商贾，经呈验所送信函物件亦得免费入园。

九、关于借用范围之清洁事项由研究院负责。

十、研究院职员工役务须遵照公园规章由研究院负责。

十一、本项合同缮具三份，公园、研究院各存一份备查，并由公园呈报市公署一份备案。

国立北京大学医学院 鲍鉴清　北海公园委员会　傅增湘

在这份合同之后，附有一份当时北海先蚕坛的房屋装修清单，对当时先蚕坛的建筑格局及房屋装修做了比较详细的描述：

前院北房五间，前面玻璃窗户八扇，前后玻璃帘架二份，记玻璃八块。前后玻璃槅扇四扇，记玻璃八块。前后玻璃风门二扇，计玻璃二块带洋锁。前后横楣十二扇。屋内屏风一槽（只有上槛木框），内外电灯九盏。

东配房三间，玻璃窗户四扇，玻璃帘架一份，计玻璃四块，槅扇二扇，计玻璃四块，横楣九扇，隔断二槽，板门一扇带洋锁。玻璃风门一扇，计玻璃一块，带洋锁电灯四盏。

西配房三间，玻璃窗户四扇，玻璃帘架一份，计玻璃四块，槅扇二扇，计玻璃四块，横楣九扇，隔断一槽。玻璃风门一扇（玻璃坏）带洋锁，电灯四盏。

东厨房一间，窗户一扇，风门一扇，电灯一盏。

亲蚕门门楼一座，大门一合带闩架，闩石墩二个，额一块。院内屏风木架一槽，石墩十个。院内门灯二盏，闩口二个。西墙木门一合带闩，电灯一盏。

北平台一间，窗户二扇，玻璃风门一扇，计玻璃四块带洋锁，玻璃横楣一扇，计玻璃二块（坏一块），电灯一盏。

院后北房五间，玻璃窗户八扇，吊窗八扇，挺钩十二根。玻璃帘架一份，计玻璃四块。玻璃风门一扇，玻璃一块带洋锁。玻璃槅扇二扇，计玻璃四块。横楣十五扇，隔断二槽，板门二扇带洋锁，电灯六盏。

东端北耳房一间，窗户二扇，板门一扇带洋锁，电灯一盏。西端北耳房一间，窗户二扇，板门一扇带洋锁，电灯一盏。

东配房三间，玻璃窗户四扇，吊窗四扇，挺钩八根。玻璃帘架一份，计玻璃四块。玻璃槅扇二扇，计玻璃四块。玻璃风门一扇，计玻璃一块带洋锁。横楣九扇，电灯四盏。

西配房三间，玻璃窗户四扇，吊窗四扇，挺钩八根。玻璃帘架一份，计玻璃四块。玻璃槅扇二扇，计玻璃四块。玻璃风门一扇，计玻璃一块带洋锁。横楣九扇，隔断一槽，板门一扇带洋锁。南面玻璃窗户二扇，计玻璃六块，窗户一扇带护窗板一块，电灯四盏。

廊子二十四间，窗户隔断六十扇，坐凳板十六段，花横楣十六扇，电灯四盏。

北厕所二间，玻璃窗户一扇，计玻璃四块，玻璃横楣二扇，计玻璃四块。木板门二扇带洋锁，木板墙二段，电灯二盏。

院内桑树七株，松树二株，槐树四株，珍珠梅四株，石墩八个。

1939年11月2日，北京大学医学院研究院另觅他址，从北海先蚕坛迁出。依据伪北京特别市公署公字第四〇八四号指令，上述租借合同注销。

1941年初，国货陈列馆奉伪北京特别市公署令“推陈出新，切实整顿”，将馆址迁移至北海先蚕坛。据北海公园委员会致伪北京特别市公署国货陈列馆公函记载：“奉令将本园蚕坛房屋及东南角三合小院一所暨东墙根群房九间拨为市立国货陈列馆应用一案，事关公产公用，自应遵令照拨。迭经贵馆派员接洽，妥协修葺裱糊，并准来函于1月15日开始移驻蚕坛。”

原位于正阳门箭楼内的国货陈列馆于1941年1月7日起停止游览，筹备迁移。1月15日开始搬迁陈列物品，于1月24日全部搬运完毕，旧馆址正阳门箭楼移交外一区警察分局巡守保管。国货陈列馆员役一方面在先蚕坛新馆址内加紧整顿布置，另一方面又抽派人手向各厂商征集陈列品，各厂商“为切实提倡维护工商业之盛意，无不鼓舞参加。关于本市名贵出品雕漆、珐琅等新送陈列，共已有数百件之多。业已分部陈列”。辛巳年春节过后，国货陈列馆自迁往北海先蚕坛的各项布置整理工作已全部就绪，并于阴历正月十六日（1941年2月11日）中午12时举行了开幕典礼。开幕当日，伪北京特别市市长秘书、市属机关长官及各厂商代表均来到北海先蚕坛新馆址参观。因先蚕坛内空间狭小，又借用北海公园董事会房间举行了隆重的招待会。

抗战胜利以后先蚕坛仍为国货陈列馆使用，至 1948 年国货陈列馆准备迁出。据 1948 年 4 月 27 日北平市政府府秘二字第六一九〇号令载：“国货陈列馆现存物品原主既未取回，准由教育局所属第一二两民众教育馆接收负责保管，如原主请领仍应发还，馆址交还北海公园。”

随后，国立北平图书馆致信给北海公园理事会欲借先蚕坛作为图书馆新址，并愿意承担古建筑修缮工程经费。信中写道：

敝馆近来书籍日益增多，原有馆址已感不敷应用。查北海蚕坛为故都名胜，以之藏书见称适宜。拟请贵会准予借用蚕坛全部及其东南三合小院，其间所有房屋之修理均归敝馆担任，借答赞助厚意，相应函达即希查照惠允见复为荷。

因为涉及到文物古建修缮问题，故行政院文物整理委员会于 1948 年 5 月 21 日致函北海公园理事会：

查北海蚕坛亲蚕殿等四座保养工程即将开工，前经函请惠于饬属协助在案准该工程需用材料（应由官发）颇多，本处现无适当材料可拔。兹查该坛东边有露顶缺墙之破屋三间，颓废已久，并无复修价值。依据整理古建筑物原则，拟予摄影记录以备将来文献与法式上之参考。即将残存旧料拆除，移作修复亲蚕殿等工程之用，以节公帑。

由此可知，因为解放战争期间时局动荡，国统区经济凋敝，文物整理委员会工程处无力负担先蚕坛修缮工程的全部建筑材料，不得不利用坛东三间残损老房（悬山顶筒瓦过垄脊）的旧料，拆东墙补西墙，实属权宜无奈之举。

1948年6月9日，为了先蚕坛修缮工程的顺利进行，北平文物整理委员会工程处致函（工字九一号）北平市教育局，称修缮中需要揭瓦露顶，希望国货陈列馆能将陈列展品尽快移出，以便修缮工作顺利进行。信函内容如下：

案查本年度北平文物整理预算案内北海蚕坛保养工程（即亲蚕殿等现为国货陈列馆占用）前经本处标定广和营造厂承揽并函请北平市政府社会局饬属协助在案。正工作间，侧闻该国货陈列馆已由社会局移交贵局接管，应请惠予饬属经续协助一切。又查该保养工程范围不涉及室内，但拔草勾抹时须揭开瓦顶，方能修葺。诚恐椽、望、泥工牵连坠落致影响室内陈列品之安全，督工人员深苦无法预为防范，拟请查照，迅赐办理，并希见复为荷。

由上述内容可知，当时的国货陈列馆已由北平市社会局移交给北平市教育局接管。国货陈列馆虽然应于4月份将先蚕坛归还北海公园，但两个月后该馆陈列品仍未腾出。另外，负责这次先蚕坛修缮工程的施工方为广和营造厂，在该公函之后另附有一份北海先蚕坛保养工程的做法说明书，使我们能够清晰地看到当时先蚕坛的保存状貌和具体修缮细节：

北海蚕坛保养工程做法说明书

甲　工程概说

蚕坛位于北海东北隅，正门三楹。入内有坛台，迤东为宰牲亭、神库等。迤北为亲蚕前殿、亲蚕后殿及东西配殿、中夹浴蚕池，回廊相继，均绿色琉璃瓦顶。全坛以久失修葺，瓦顶檐木、月台、踏跺、阶条、坛台、围墙均有走闪破坏。如全部修葺，所费颇巨。以工款有限，本工程先就主要之四殿顶及回廊施以保养，并择要局部修缮，以免渗漏继续损坏而保建筑。

乙　施工细则

一保养做法：图示范围内全部瓦顶拔草、扫垄，拔草时务须注意连根拔除。瓦垄隙尘埃、青苔等物须用瓦刀或铁刷仔细铲除干净，然后扫垄。灰皮脱落处先用水刷一遍，随用百比五青白灰麻刀查补、捉节、夹垄。瓦件松脱者揭起将原有瓦灰铲除，重新用一点二白灰细焦渣，瓦用百比五麻刀灰捉节夹垄，然后全部瓦顶擦拭干净。

二局部修缮做法：

在图中所注各糟朽、下垂部分均拟予以局部修缮。凡连檐、瓦口、飞头、椽、望糟朽或下垂部分，先将瓦件灰背揭除，然后将糟朽椽、飞、望板用松木照原样剔换齐全，钉装坚固，稍有糟朽、裂缝者，以松木钉补坚实。在新钉望板上涂抹臭油二道，用一点三白灰焦渣（焦渣过节）苫背，厚随旧背，拍打出浆。再抹百比五青白灰麻刀背一层，厚约二公分。俟八成干后，用一点二白灰细焦渣（过细节）瓦瓦，百比五青白灰麻刀捉节夹垄，然后擦拭干净。凡新换各件木料露明部分，均攒生桐油二道随旧色断白。

三杂项：

1. 亲蚕后殿及东西配殿山墙琉璃博缝多有残缺，均照原尺寸改挂木板，上钉有刺铁丝网抹白洋灰沙子。干后涂绿色油，务使与琉璃仿佛。

2. 吻件有残坏处改用砖砂、白洋灰及铁丝网堆砌表面，纹饰须仿原式刻做，干后亦涂绿色油。

附注：

一零星工程：本工程做法说明未经载明而为工程上所必需之零星工

程，承揽人须照做不得故意推诿。

二清理工地：工竣后承揽人须将工地清理干净，渣土送至指定地点。

三官发材料：

1. 旧木料及瓦件均由亲蚕门外东面指定破房拆用。

2. 油料四十公斤、白洋灰十五袋、洋灰五袋、铁丝网六十张、有刺铁丝二卷。以上材料均由景山材料库随工程进度临时发给，有余缴还，不足时由承揽人员负责添配。

从上述工程做法可以看出，1948 年的这次先蚕坛修缮是一次简单的养护性抢险工程。由于经费极其有限，其只对主要殿宇的屋面进行了清理修补，以防渗漏，而对于砖石基础及木构屋架部分，却没有进行有效地勘查和维护。更有甚者将屋脊吻兽、山花博缝等琉璃构件的修补，以洋灰、沙子、木板、铁丝、绿油漆等加以仿制，其因陋就简的程度可见一斑。

1948 年 8 月间，先蚕坛房屋内仍堆积国货陈列馆家具物品，坛东 27 间蚕室中有 18 间为北海公园的库房及工人宿舍占用。北海公园理事会就是否将蚕室借予北平市图书馆及敦请国货陈列馆迁出等问题，向北平市参议会提请核议。8 月 25 日，经北平市参议会文化教育委员会审议决定：

查北海蚕坛国货陈列馆历史已久，应继续保存并加改善，市政府既无力保管，可将全部物品移交历史博物馆接收陈列。

照此决议，随后北海公园准备将除 18 间蚕室外的全部先蚕坛房屋借予北平市图书馆。

与此同时，民国国史馆亦相中先蚕坛这块古迹，希望借用作为北平办事处办公，于是发出公函（史总字第七四三号）给北平市政府表达此意：

本馆前以北平为我国文献之渊薮。因于北平分设本馆办事处采撷史料，以供载笔之需。经岁以来颇有进展，惟该处办公地址系暂借中央党史会东四二条5号之房屋。现党史会收回自用在即，本馆另觅地点极感困难。现悉贵府掌管北海公园内之蚕坛有房二十余间久未使用，拟请拨借本馆作为北平办事处办公之用，以裨史政。倘承惠允，本馆自当负责爱护，一举两得。

1948年9月22日，时任北平市市长刘瑶章开具介绍信给国史馆纂修金毓黻、贺培新。次日，金、贺二人持市府信函，与北海公园理事会接洽商讨借用事宜。但由于北平市图书馆借用在先，国史馆之请只得作罢。次日北海公园答复北平市政府称：

查该蚕坛内房屋于本年9月1日接国立北平图书馆函请借为办理查报、阅览及存查之用。当时本园以该蚕坛房屋损毁殊重，各部分亟待修理，第以园中经费困难，无力兴工。经与该馆商洽修理办法，计第一期内该馆先行修理，亲蚕殿前院东西配殿、围墙、内楼及神库房等顶部翻修，所有一切工料费已由该馆负担。第二期修理蚕坛全部房屋需用工程费亦允全部担任。国史馆请借蚕坛房屋办公一节，已无余房可借。

1948年10月2日，先蚕坛已经正式开工修缮。北海公园将《蚕坛殿宇修缮计划书》抄录一份，交由北平文物整理委员会工程处代为审查，并请其派员赴工地指导修缮。内容如下：

查蚕坛院屋年久失修，榛荞荒秽，屋顶渗漏。其坍塌摧折之处，犹数见不鲜。若不及时修葺，恐损坏愈甚，更难应用。兹就贵馆借与之该坛前院、中院、东院，分为三部工程。先将各院正殿及配殿屋顶、墙头及亭廊上顶各处莠草芟除，其小厨房及东西跨院月牙河畔杂枝乱草丛生之处甚多，须一一找补齐全。其损坏较大各处，并须加工修理。为东院北殿东北隅上顶坍塌，覆瓦残破应改换椽木补瓦。其各殿槛、柱、阶、台亦多损坏并应修理，此项工程需用大量白灰、麻刀、洋灰及木料。工竣之后，所有殿房既可应用，蚕坛胜迹亦可恢复旧观。一切依旧对于原有建筑决不变动，以期保存旧有建筑。

从这份修缮计划中可以看出，民国时期的古建筑保护理念已经相当成熟，与当代文物建筑“最小干预，修旧如旧”的修缮原则颇有异曲同工之处。

1948年12月8日，占用先蚕坛的国货陈列馆家具物品等仍未腾出。北平市社会局杨德馨科长宣称：“国货陈列结束装箱事，在原则上已经决定，惟所需经费五千三百万元。曾经详细计算，无法再减，此案系本局本身事务，自难向图书馆索款，倘图书馆情愿帮助，数目多寡，本局自无异议。其余不足之数，当由本局尽力筹措。惟何日可以筹足着手迁动，尚不能预计。”北平市图书馆馆长袁同礼答复道：“经向教育部及信记局请求拨贷各款尚未拨到，稍迟几日，拟筹二千万元交付社会局。”由此至1949年1月31日北平和平解放，国货陈列馆的这批家具物品总计300余件，才得以从先蚕坛腾出，最终由后来的北京市教育局接收。

与此同时平津战役已经打响，“华北剿总”节节失利，国民党军队被围困于北平城内。败退入城的傅作义主力第三十五军下属二六二师七八五团一营士兵强行进入先蚕坛，占据达两个月有余，直至北平和平解放后，才撤出先蚕坛。驻军期间，先蚕坛的建筑设施略有损坏。1949年2月7日，北平市教育局财务股派专员将傅作义部队占用的房屋一一加以查封上锁，

20 世纪 40 年代的先蚕坛

并统计了损坏状况。据当时看守国货陈列馆物品的工人王俊清及警士胡维启开列的损坏公物名目包括：

残破路椅三个、瓷痰盂十三个（内残破者居多）、残损藤椅六个、桥上木板压坏十五块、黑长方凳三个、桌面二块，余下的零碎杂物或有损失已无从查计。

1949 年 4 月 1 日，经北京市公用局军管会批准，将先蚕坛全部房屋拨借给北海实验托儿所使用，7 月份托儿所迁入先蚕坛。1951 年 1 月 23 日，北京市人民政府公园管理委员会函北海公园管理处：“关于北海实验托儿所借用你处蚕坛建筑房屋订立手续问题，兹拟订协议书一纸，希按此项精神径与该所订立为荷！”

北海实验托儿所初入先蚕坛时，坛内杂草丛生，一片狼藉。旋即由托儿所对蚕坛进行了修葺和改造，对原有古建筑除蚕署外均进行了修缮，并将旧式门窗改成新式玻璃门窗，安装暖气及儿童漱洗设备并油饰一新，一些古建筑先后拆除，填平了浴蚕池。在先蚕坛旧址即亲蚕门西侧，添建做厨房用的平房和儿童教室、活

幼儿园初建时期，师生一起劳动，改善园容园貌

动室、礼堂、办公室及锅炉房等混合用两层楼房，均为青砖、灰筒瓦。在观桑台旧址即亲蚕门南，开辟为儿童活动场。

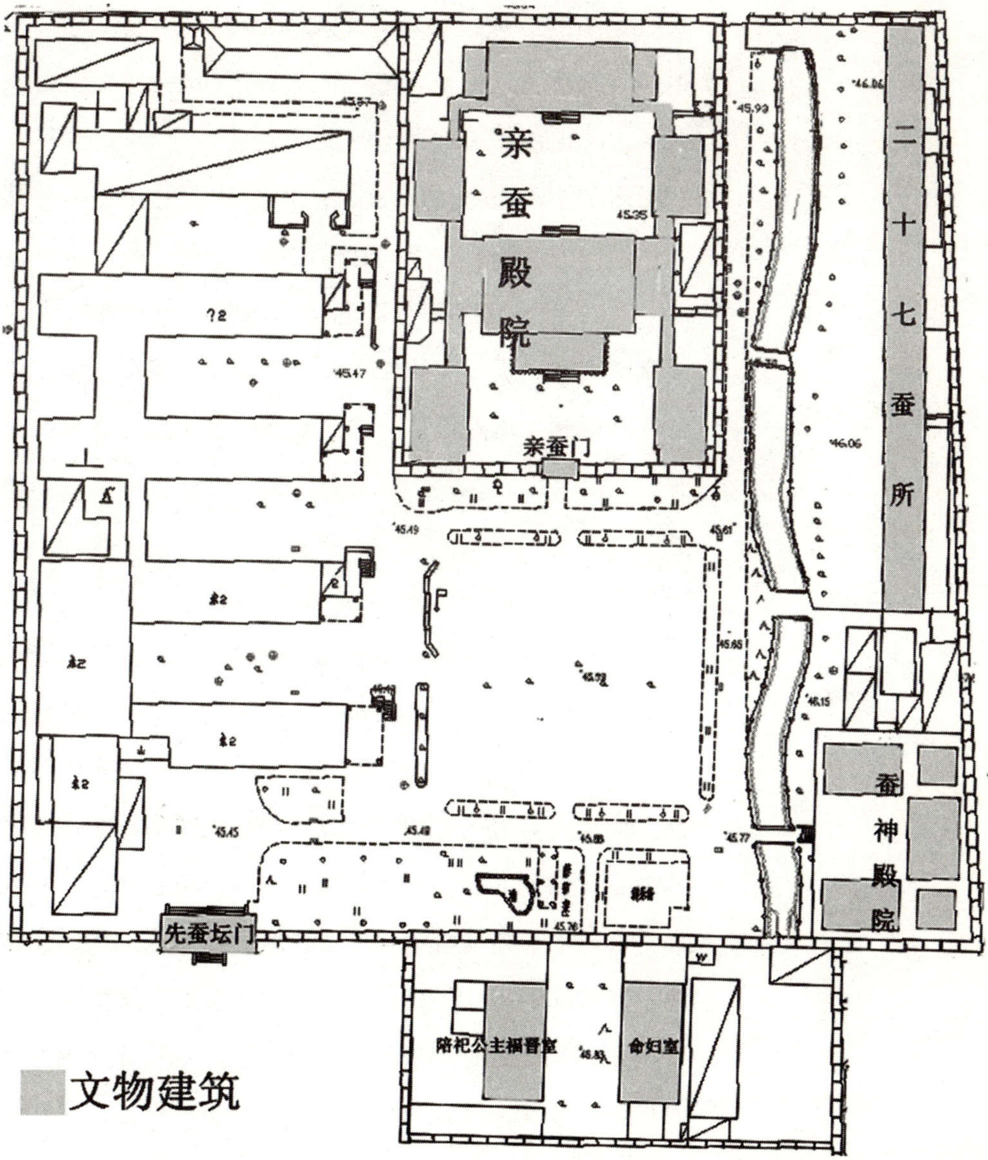

先蚕坛（北海幼儿园）现状平面图

楼内的锅炉移至南院另添建锅炉房，由北京市房修二公司古建处施工，投资127万元。

今蚕坛前东房，位于蚕坛院迤南。这里原来是蚕坛后果园的山坡，1978年北海公园重新开放以后，在蚕坛南面增设儿童运动场，陆续添置了电动游艺设备游龙戏水、电瓶车、碰碰车、旋风游艺机、液压飞机等。1983年挖掉一段土山山脚，沿山脚新建七间东房，其中一间作为东岸游艺场的管理用房，六间开设小卖快餐部。2001年，这些游艺设施均已拆除。2007年，借着北京“人文奥运”文物保护计划的东风，先蚕坛的主体建筑群得到了抢险修缮。而今，除先蚕坛台、观桑台及蚕坛祠祭署以外，其余建筑基本保存完好，修缮后已焕然一新。

北海幼儿园是一所有着60多年历史的老园，它的前身是位于北海桑园门里的北平国民党社会局托儿所，1949年3月由中国人民解放军北京军事管制委员会接收，成为专门寄养革命干部和革命军人子女的实验托儿所。同年7月经过军管会批准，迁入先蚕坛，8月改名为北京北海幼儿园。初入蚕坛，园内杂草丛生，一片狼藉。在陈毅、贺龙等老一辈无产阶级革命家的大力支援下，园容园貌得到了极大的改善，建造了总面积为3800平方米两层楼房，形成结构合理，初具现代化规模的幼儿园。几十年来，通过广大幼教工作者的努力，北海幼儿园在国内国际已享有广泛赞誉。

二、先蚕坛门、先蚕神坛、观桑台

先蚕坛门位于先蚕坛南垣偏西，为先蚕坛正门，南向。建筑面阔三间13.1米，进深一间5.1米，高约7.8米，为砖石仿木的拱券结构（即无梁殿形式），歇山顶调大脊，正脊带螭吻，绿琉璃筒瓦屋面，四条垂脊带垂兽，四条戗脊分置戗兽、五小兽（一龙、二凤、三狮、四天马、五海马）及骑凤仙人。梁枋绘金线大点金旋子彩画，勾丝咬旋花，龙锦枋心。坐斗枋为降幕云云纹图案，枋上承单昂三踩磨砖斗拱，每开间斗拱均为六攒，山面斗拱亦为六攒。檐下斗拱、额枋、椽子都是砖石所做，但初视几乎与木构无异。为了适应砖石材料的特点，其斗拱个体较小，在砖石上刻出万拱架在昂头上，出檐也较短，但从外观上看，比一般木构建筑显得更为厚重。南立面明间坐中悬“先蚕坛”陡匾一方，满汉双文。大门上身涂红垩，下碱为青砖干摆。明间辟拱券门洞，红漆实榻门两扇。左右两侧次间亦应为拱券门洞，现已封堵。台基部分为砖石基础，南侧明间前出垂带礓

先蚕坛门远眺

先蚕坛门现状

从先蚕坛门眺望先蚕坛

先蚕坛匾

礤坡道，两侧次间踏跺已拆改；北侧为连三踏跺，中为礓礤。在亲蚕门东西两侧坛墙上，原辟有随墙式掖门各一间，现已封堵，了无痕迹。清代每逢祭典入坛时，皇后走明间中央一门，公主、福晋、命妇等行于次间侧门，侍从、执事人等走左右掖门，整体配置规格严谨庄重，等级分明。

仙人、走兽：在明清殿式建筑的屋顶四角上会有一排动物形象的建筑构件，这些构件叫作垂脊走兽，站在这些走兽最前的是“骑凤仙人”，也称为“仙人骑鸡”或是“仙人指路”。这位骑着凤凰的仙人据说是齐湣王的化身，民间有“日晒湣王，走投无路”的说法，所指是战国时期的齐湣王，他被燕国大将乐毅打败，仓皇出逃，走投无路的情况下一只凤凰飞到眼前，齐湣王骑上凤凰渡过大河，逢凶化吉，在屋檐的顶端安置这个“仙人骑凤”有逢凶化吉的寓意。

仙人与垂兽之间的小兽统称“走兽”，俗称“小跑”。走兽的排列有着严格的规定，数量的多少是依宫殿建筑等级所决定。走兽最多的太和殿达十只，因建筑等级尊贵程度而递减。小兽数量的减少是从最后一只往前依次递减：

1. 龙，上古神兽，能兴云布雨，认为是祥瑞的象征。

2. 凤，具有圣德之瑞象，它的出现预兆天下太平，人们生活幸福美满。

3. 狮，在佛教中为护法王，是勇猛威严的象征。

4. 天马，传说天马可追风逐日，凌空照地，非常神异。

5. 海马，海马入海入渊，逢凶化吉。因此这两种神马是古代神话中的忠勇神兽。

先蚕坛建筑等级不高，故屋脊走兽只有五个。

先蚕坛（1934 年）

先蚕坛门（20 世纪 50—60 年代）

礓礤：是一种台阶的特殊形式，是以砖石露棱侧砌的斜坡道，侧立面呈锯齿状，可以防滑。常用于室外坡度较大的地段。礓礤既可供人行走，又可供车辆往来通行。一般用于牌楼、宫门、随墙门等坡道。

先蚕神坛位于坛门正北 50 米外，坐北朝南，是一座砖石结构的方形平台，边长四丈（12.8 米），高四尺（1.28 米），四面各出垂带踏跺十级，坛台为二号城砖包砌夯土，陡板、台帮等为青白条石，台上地面由金砖铺砌。坛西北原有瘗坎坑穴，用以填埋牺牲、玉帛等祭祀物。瘗坎北面，先蚕坛北墙之上辟有一随墙式便门。20世纪50年代，先蚕神坛及瘗坎被拆除，原地盖起幼儿园的四栋二层教学楼，这两处文物建筑由此彻底消失。

先蚕神坛东侧偏南，正对亲蚕门以南30米处，是观桑台，亦是一座砖石结构的方形平台。该台坐北朝南，高一尺四寸(0.45米)，宽一丈四尺(4.48米)，三面各出垂带踏跺十级。台为城砖包砌，陡板、台帮等为青白石材，台上地面由金砖铺砌。

观桑台的建筑形式，与乾隆朝以前的先农坛观耕台的形式非常相似。先农坛观耕台始建于明嘉靖年间，当

观桑台(《孝贤皇后亲蚕图》局部)

20世纪40年代的先蚕坛内景(图中的砖台为观桑台)

时为木结构，每年皇帝亲耕前临时搭建，用后拆除。直至清乾隆十九年（1754年），乾隆帝因考虑观耕台每年搭建耗费银两，下旨对先农坛观耕台进行改造。改造后的观耕台尺寸没变，但外观装饰发生了巨大变化，由过去一座普通的木台摇身一变为琉璃砖须弥座，汉白玉栏板的砖石巨台。而乾隆八年（1743年）建成的先蚕坛观桑台，其建筑外观则是参照改造前先农坛的木质观耕台仿制的。这个影像从遗存至今的《雍正帝先农坛亲祭图》中还可窥其端倪：观耕台为木质搭建，台上设靠背扶手御座宝屏，四周围以清式寻杖栏杆，这与乾隆《孝贤皇后亲蚕图》中的观桑台何其相似，只不过是把观耕台的木质台座更换为观桑台的砖石台座而已，连木质栏杆柱头的颜色都没有变化（红漆栏板、绿色柱头），可以判断这种农桑观礼台的建筑形式，必然存在着一定的传承关系。无论从历史年代和建筑形式看，观桑台都介于木质与石质观耕台之间，从而显得更加珍贵。

从20世纪20年代留存的影像记录中，我们可以看到观桑台只余下砖石质的台座，木质栏板已然无存。更为可惜的是，50年代初连台座也难逃劫难，这座珍贵的文物也就永远消失。

观桑台前为桑园，东、西、南三面广植桑柘。据已故北海公园总工程师袁世文先生回忆，1950年前后先蚕坛内尚有桑树、柘树290余棵，与观桑台一样，这些桑、柘古树也早已无迹可寻。

三、亲蚕门、具服殿（亲蚕殿、茧馆）、织室

具服殿(亲蚕殿、茧馆)院位于先蚕坛中部正北，由两进院落构成，坐北朝南，南北长62.6米，东西宽45米，占地面积2817平方米，中轴线从南向北依次为亲蚕门、具服殿（亲蚕殿、前殿、茧馆）、浴蚕池（已填平）、织室（后殿）。具服殿和织室前两侧均有东西配殿相对而立，前后院

具服殿院外观现状

亲蚕门（1922 年）

东西院墙上各辟一随墙门，方便从两侧出入。

亲蚕门位于具服殿院南垣正中，为黄绿琉璃砖砌仿木结构墙垣式起脊门楼一座，过梁式方形门洞。建筑面阔一间 4.5 米，进深 2.2 米，高约 5.6 米。单檐歇山调大脊，绿琉璃筒瓦。正脊带螭吻，四条垂脊带垂兽，四条戗脊分置戗兽、一小兽（一龙）及骑凤仙人。额枋为黄绿琉璃砖雕一整二破旋子彩画。枋上承单翘单昂五踩绿琉璃砖雕斗拱，南、北立面斗拱共计十二攒，山面斗拱各五攒。南立面明间坐中悬“亲坛门”斗匾一方，满汉双文，做工粗陋，应为后期仿制。门辟方形门券，双扇朱漆大门，门上有铺首一对。上槛置金线包边梅花门簪四枚，门两侧立柱墙装饰中心四岔琉璃砖西番莲雕花。基础部分为汉白玉须弥座，莲瓣束腰内雕饰椀花结带图案。亲蚕门内原有一独立式木质影壁屏门，此门在光绪《清会典》及喜仁龙所摄历史照片中均有记录。

亲蚕门

鸱吻，鸱吻又称吻兽，是大殿正脊两端安置的压脊构件，传说是龙生九子之一，喜欢待在屋顶上，一般是龙头形，张大口衔住脊端，俗称吞脊兽。相传汉武帝建柏梁殿时，有人上书说大海中有一种鱼，虬尾似鸱鸟，也就是鹞鹰，说虬尾是水精，喷浪降雨，可以防火，建议置于房顶上以避火灾，于是便塑其形象在殿角、殿脊、屋顶之上。

亲蚕门匾（新制）

垂兽、戗兽：垂兽是安装在垂脊顶端的龙形装饰，戗兽是安装在戗脊上的兽件，用于庑殿顶、歇山顶建筑。垂兽与戗兽造型大体相同，只是戗兽形体较小，都是虬龙形状，俗称兽头。清代垂兽、戗兽造型为头生兽角，闭口望天，身披龙鳞，鬃毛飘展，依据级别不同鬃毛有五股、七股、九股不等。垂兽与戗兽下面与瓦件结为一体，有很好的防雨功能。

亲蚕门琉璃装饰（一）

亲蚕门琉璃装饰（二）

亲蚕门须弥座

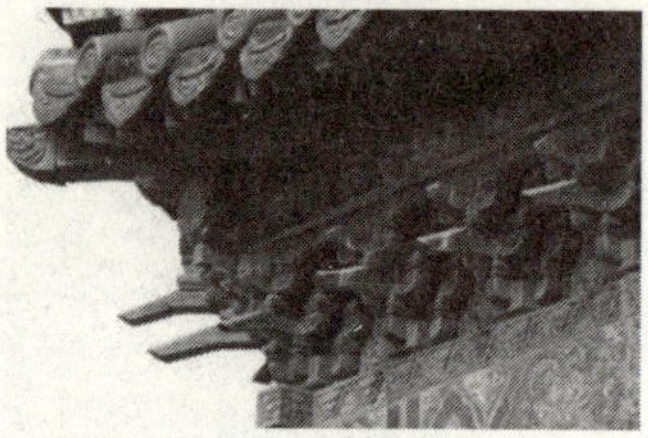
亲蚕门仿木琉璃斗拱

戗兽还将戗脊分为兽前和兽后，戗兽前方安放走兽（亦称小跑），它有三个作用：1. 镇妖驱邪；2. 防雷设施；3. 固定屋脊。同时也有严格的等级制度，戗兽越多，级别越高，而且数目都是奇数（奇数为“阳”，表清白），其中以九件等级最高，称为“走九”，另外还有“走七”或“走五”，最低用“走三”，佛寺大殿屋脊戗兽一般为“走七”或“走五”。

须弥座：又名“金刚座”、“须弥坛”，源自印度，系安置佛像的台座。须弥是梵文“sumeru”的音译，为妙高之意。在印度古代传说中，须弥山是世界的中心。南北朝时期须弥座开始用作建筑台基，是一种上下出涩、中为束腰的形式。在宋《营造法式》和《清式营造则例》中，对须弥座的做法有着详细的规定。典型的清代须弥座有六层，自下而上为圭角、下枋、下枭、束腰、上枭、上枋。上枭、下枭一般刻有仰覆莲瓣，一般用于高级建筑（如宫殿、坛庙、塔）的基座。

喜仁龙：奥斯伍尔德·喜仁龙（Osvald Siren），瑞典美术史家、汉学家。1879年生于芬兰。1901—1903年任瑞典斯德哥尔摩国家博物馆助理。1908—1925 年，任斯德哥尔摩大学美术史教授，从事西洋近代美术史研究。1928—1945 年，在斯德哥尔摩国家博物馆负责管理绘画和雕刻。1916 年、1917 年和 1918 年分别在美国耶鲁大学、哈佛大学和日本讲学，曾于 1920 年、1921 年、1930 年、1934 年、1935 年和 1954 年、1956 年先后五次访问中国。1918 年在日本讲学和 1920 年旅居中国时，开始密切关注东方美术。1924—1925 年，在巴黎展出个人收藏的东方艺术品。对中国古代艺术十分热爱，并进行了深入研究。这方面主要著作有《北京的城墙和城门》(The walls and Gates of Peking，1924 年)，《中国雕刻》(Chinese Sculpture，1925 年)，《北京故宫》(The Imperial Palace of Peking，1926 年)；《中国绘画史》(Histoire de art anciens，1929—1930 年)；《中国园林》(Gardens of China，1949 年) 等。这些著作在向世界人民介绍中国灿烂的古代文化方面起了很大作用。1966 年 6 月 26 日逝世，享年 87 岁。

具服殿

具服殿背面

具服殿为该院落第一进主殿，又称亲蚕殿或茧馆，也是先蚕坛内最大

具服殿西垂脊仙人和脊兽

具服殿正脊西侧吻兽

具服殿月台

的单体建筑，为清代皇后更换祭服、稍事休憩、挑选优良蚕种（献茧）之处。建筑坐北朝南，建于0.57米高的砖石基座上，面阔五间18.7米，进深七檩，加前后廊一步，10.95米，建筑面积204.8平方米，建筑台明以上至正脊高9.635米。前置月台长12.2米，宽7.26米，高0.42米，月台与建筑明间及次间之和等宽。月台东、西、南三面出陛，各设垂带踏跺四级，南侧陈列四个汉白玉质圆形宝鼎石座。建筑为单檐歇山顶调大脊，绿琉璃筒瓦。正脊带螭吻，四条垂脊设垂兽，四条戗脊分置戗兽、五小兽（一龙、二凤、三狮、四天马、五海马）及骑凤仙人。梁枋及斗拱彩绘均已遍涂红色油漆，遮蔽了原有清式彩画，依据《孝贤皇后亲蚕图》所绘，推测应为龙锦枋心旋子彩画，枋上承单昂三踩斗拱。明间面阔4.5米，置平身科斗拱六攒，两次间面阔3.85米，置平身科斗拱五攒。两梢间面阔3.25米，置平身科斗拱四攒。前后廊深1.62米，前后金柱间距7.71米，檐柱径0.4米，高3.94米，金柱径0.44

米，高 5.34 米，檩径 0.32 米。原有清式槛墙支摘窗应在金柱位置，现已拆改为玻璃门窗并推至檐柱位置，檐柱间原有雀替均已拆除。侧立面山花博缝内应有金钱绶带及梅花钉等装饰，现已涂抹红漆。前后金柱间带平身科斗拱十一攒，前后廊间带平身科斗拱一攒。前廊两边连接卡墙，后廊两边连接后院抄手游廊。北立面装修与南立面相同，明间前出垂带踏跺四级。依据 1922 年喜仁龙所摄照片判断，殿内原为井口天花吊顶，明间设有金凤御座、五扇屏风、须弥座围栏等供皇后更换礼服、献茧典礼的陈设用具。殿内原悬有乾隆帝御书匾额曰“葛覃遗意”，两侧有对联曰：“视履六宫基化本；授衣万国佐皇猷。”《孝贤皇后亲蚕图》曾藏于此殿。

具服殿正立面

具服殿东配殿

檐柱、金柱：建筑物檐下最外一列支撑屋檐的柱子叫作“檐柱”，分布在建筑物的前后檐下。金柱是檐柱以内，除了中柱之外，其他柱子的统称。

平身科斗拱：斗拱是中国古代建筑梁架间特有的结构木件，由斗、升、拱、翘、昂组合而成。其功用是承托上部支出延展的屋檐，将屋顶重量传递到梁枋并转移到立柱上。位于柱头部位的斗拱称为柱头科斗拱。宋

《营造法式》称为柱头铺作。角科斗拱置于建筑物转角部分,《营造法式》称为转角铺作。平身科斗拱是分布于柱头科斗拱之间、均匀放置在额枋上面的斗拱,《营造法式》称为补间铺作。

金钱绶带：古建筑山花部位以圆形钱币和飘带为内容的雕饰图案。因以古代铜钱为蓝本，做法又用贴金，故又称“金钱”。图案一般是几个圆环相套叠压，由绶带将金钱串联在一起，并恰当地填补山花空间，是明清时期歇山顶三角山花内的程式化图案。

具服殿前东西两侧有东、西厢房相对而立，形制相同。建筑面阔三间 10.3 米，进深六檩前出廊檐一步 5.7 米，廊深 1.3 米，台明以上至正脊高 6.7 米。硬山调大脊，正脊带螭吻，绿琉璃筒瓦，四垂脊分置五小兽（一龙、二凤、三狮、四天马、五海马）。山面排山勾滴，方砖博缝。后檐为冰盘檐封护墙，后开方窗三扇，博缝砖与墀头均以绿琉璃砖装饰。檐下彩绘被红色油漆覆盖，据《孝贤皇后亲蚕图》卷推测，应为一字枋心旋子彩画，檩枋之间置一斗三升斗拱，明间宽 3.86 米，设斗拱六攒，次间宽 3.24 米，设斗拱五攒。台基压面石为青白石基础高 0.2 米，前出垂带踏跺二级。原有金柱上的槛墙支摘窗装修已拆改为檐柱上的现代玻璃门窗。厢房北侧有游廊连接具服殿及第二进院。

一斗三升斗拱：就是由一只大斗为底，上托横拱，拱上置三个升（升是一种较小的斗）的斗拱组合，属不出踩斗拱，只起装饰和传导荷载作用，是斗拱中最基本的一种。

槛墙：指建筑前檐或后檐木装修之下的墙体，其做法一是满用青砖干摆，另一种高规格是用琉璃砖贴面。

织室

织室西垂脊仙人和脊兽

北京先蚕坛织室（1922 年）

支摘窗：古建筑门窗的一种形式，适用于明清殿堂的次间、梢间或小式建筑物上。在每一开间的中线上增加一根立框，形成上下左右四扇，均为两层。上扇为支窗，外侧上边安合页，下边两侧安销子，抽开销子可向外开启并用链钩支撑。下扇为摘窗，两侧立边上端用铁销子固定，可拆卸，并用糊纸或木板做成护窗板。

第二进院正殿为织室，又称后殿，是清代皇后举行缫丝礼和织工用先蚕坛所产蚕丝织造丝织品的场所。面阔五间 20.4 米，进深五檩，加前后廊一步，7.7 米。台明以上至正脊高 7.5 米，悬山调大脊，正脊带螭吻，绿琉璃筒瓦，四垂脊分置垂兽、五小兽（一龙、二凤、三狮、四天马、五海马）、骑凤仙人。山面为五花山墙，

织室配殿

木质博缝板。檐下彩绘被红色油漆覆盖，据1922年喜仁龙所摄历史照片判断，应为一字枋心旋子彩画，檩枋之间置一斗二升蕉麻叶斗拱，明间宽4.5米，设斗拱六攒，次间宽3.8米，设斗拱五攒，梢间宽3.4米，设斗拱四攒。前后廊深1.35米。前后金柱间距5.15米，檐柱径0.32米，高3.59米，金柱径0.32米，高4.5米，檩径0.27米。台基压面石为青白石基础高0.28米，前出垂带踏跺三级。原有金柱上的槛墙支摘窗、隔扇门装修已拆改为檐柱上的现代玻璃门窗，檐柱间的雀替已被拆除。织室内曾悬挂乾隆帝御书匾额“化先无斁”，两侧对联曰：“三宫春晓觇鸠雨；十亩新阴映鞠衣。”其他御座、宝屏等的规制与具服殿相同，只是屏风内彩绘图案由凤鸟改为《蚕织图》。

织室前两侧有东西配殿相对而立，形制相同。建筑面阔三间10.34米，进深六檩前出廊檐一步5.7米，廊深1.3米，台明以上至正脊高6.6米。硬山调大脊，正脊带螭吻，绿琉璃筒瓦，四垂脊分置五小兽（一龙、二凤、三狮、四天马、五海马）。山面排山勾滴，方砖博缝。后檐为冰盘檐封护墙，后开方窗三扇，博缝砖与墀头均以绿琉璃砖装饰。檐下彩绘被红色油漆覆盖，参考1922年喜仁龙所摄历史照片，应为一字枋心旋子彩画，檩枋之间置一斗三升斗拱，明间宽3.86米，设平身科斗拱六攒，次间宽3.24米，设平身科斗拱五攒。台基压面石为青白石基础高0.2米，前出垂带踏跺二级，原有金柱上的槛墙支摘窗装修已拆改为檐柱上的现代玻璃门窗。

在织室与东西配殿之间以及南侧第一进院具服殿之间，均连接抄手游廊，游廊共40间，高3.33米，四檩卷棚顶，绿琉璃小筒瓦，排山勾滴。廊柱为木质绿色梅花方柱，据喜仁龙1922年所摄照片可知，柱间原有步步锦倒挂楣子、坐凳栏杆、花牙子、苏式彩画，现均已改造为玻璃窗槛墙形式。据历史地图及喜仁龙所摄照片显示，第二进院内原有浴蚕池供蚕妇洗茧缫丝之用。此浴蚕池水是什刹海水注入北海后，由地下暗沟向南引入该院的。据喜仁龙的老照片显示，1922年时的浴蚕池内杂草丛生，几近干涸，想是年久失修，荒于疏浚所致。1951年，北海幼儿园进驻先蚕坛后，将浴蚕池彻底填平。

一字枋心：又称“一统天下”，常见于清代旋子彩画枋心内的构图，指彩画额枋枋心内，绘于青、绿地之上的“一”字横线纹样，通常有一字贴金线和一字墨线两种做法。

步步锦倒挂楣子：用于有廊居室外檐或游廊柱间，均为透空，只起装饰作用，使建筑立面层次更丰富、形式更灵活，常见的构图多为步步锦、灯笼框、冰裂纹等。常在倒挂楣子两侧紧贴柱子在做成小垂柱形，柱头刻作白菜头花饰。紧贴垂柱与楣子的交角处装有花牙子，以增加美感并稳固楣子。

花牙子：用位于楣子两端下的三角形镂空雕刻装饰，花牙子的常见图案有草龙、松竹梅、葫芦花、福寿、牡丹等。

四、蚕神殿

蚕神殿院位于先蚕坛东侧，是平时供奉先蚕之神嫘祖西陵氏神位之处。其自成一座矩形院落，坐东朝西，南北长 29 米，东西宽 21 米，绿琉璃砖砌冰盘檐，绿筒瓦调大脊。随墙门开在西墙中间，前出垂带踏跺三级。主殿蚕神殿西向，面阔三间，进深六檩，前出廊，硬山调大脊，绿琉璃筒瓦，正脊带螭吻，四垂脊分置垂兽、五小兽、骑凤仙人。山面排山勾滴，方砖博缝。后檐为冰盘檐封护墙。博缝砖与墀头均以绿琉璃砖装饰。檐下绘墨线大点金旋子彩画，勾丝咬旋花，一字枋心。檩枋之间置一斗三升斗拱，明间设平身科斗拱六攒，次间设平身科斗拱五攒，垫栱板绘西番莲卷草图案。台基压面石为青白石基础，前出垂带踏跺三级。

蚕神殿南北两侧有井亭、宰牲亭各一座。南侧为井亭，为提供洗涤祀神牺牲用水之所，建筑面积 29.16 平方米。亭为四方形，面阔一间，盝顶屋面，合角吻兽，绿琉璃筒瓦滴水檐，垂脊带五小兽。梁枋绘雅五墨旋子彩

蚕神殿（先蚕之神享殿）及神厨、神库

画，一整二破旋花，一字枋心。坐斗枋为降幕云云纹图案，枋上承一斗二升蕉麻叶斗拱，每面共计六攒。亭中原有砖砌水井一座，青白石井口。现水井及门窗装修均已改造，台基压面石为青白石基础，前出垂带踏跺三级。

雅五墨：旋子彩画的一种。彩画完全不用贴金，线条都用墨线，旋花用蓝、绿、白、黑四色，旋花不作退晕。

一整二破旋花：旋子彩画在古建筑梁、枋、檩的找头位置，绘出一个完整的旋花和两个半圆形旋花组成的图案，称作“一整二破”。

一斗二升蕉麻叶斗拱：清式大木作斗拱名称，常用于廊子、亭子檐枋之上或配殿、宫门脊枋之上。斗拱不出踩，主要起隔架和装饰作用。

宰牲亭是祀神前宰杀牺牲之所，位于蚕神殿北侧，与井亭位置对称，形制相同，不过是亭内无井。与井亭一样，现已改作幼儿园公用。

此前有文章、书籍将这两座方亭屋顶描述为四角攒形式（《北海景山公园志》，138页，中国林业出版社2000年版）。但经现场考证，在蚕神殿两侧逼仄狭窄的空间内，井亭及宰牲亭屋面上均未设置攒尖顶收束之用的宝顶，反而配备的是只有盝顶

宰牲亭（局部）

井亭

神库

才安装的合角吻兽，况且在郎世宁等所绘《孝贤皇后亲蚕图》诣坛、采桑两部分中也能看到此二亭的盝顶屋面。故由此可证，此二亭之屋顶形式，必是盝顶无疑。此前的各种材料所记的四角攒尖形式，可能是依据《清会典》所绘图像误记。

盝顶：是一种比较特别的屋顶形式。这种屋顶形式是在屋顶上有四条与屋檐平行的屋脊，四条屋脊构成一个方形的池子，其四角各有一条垂脊伸出，形成四块坡檐。为避免池子里的积水，古代匠师在屋脊之下，两道瓦垄之间，安装“过水当沟”，使落在池子里的雨水顺利排出。盝顶建筑在古代宫殿中较为少见，多用作于井亭、牲亭，这类建筑的盝顶池子多为透空，以利于采光。

合角吻：古建筑瓦件，安装在盝顶建筑、院墙或重檐建筑下层围脊的转角处，由两个鸱吻相靠组成，直角相接、单面向外。合角吻的作用在于保护角柱外皮，防止雨水渗漏，并起装饰作用。此外，合角吻的使用受到等级限制，只有使用正吻的屋顶才有合角吻，如果屋顶等级较低使用望兽，则转角处用合角兽，不使用合角吻。

蚕神殿北侧配殿为神库，为平时存放祭祀先蚕之神礼器之处。面阔三间，进深六檩，前出廊，硬山调大脊，绿琉璃筒瓦屋面，正脊带螭吻，四垂脊分置垂兽、五小兽、骑凤仙人。山面排山勾滴，方砖博缝，后檐为冰盘檐封护墙。博缝砖与墀头均以绿琉璃砖装饰。檐下绘墨线大点金旋子彩画，勾丝咬旋花，一字枋心，檩枋之间置一斗三升斗拱，明间、次间均设平身科斗拱四攒，垫栱板绘西番莲卷草图案。台基压面石为青白石基础，前出垂带踏跺三级。南侧配殿为神厨，为祀神时制作祭品的厨房。建筑与神库相对，形制相同。

五、其他建筑

坛内的其他主要功能建筑，还有蚕室、先蚕坛祠祭署、陪祀公主室、福晋室、命妇室，另外，坛内的浴蚕河也是先蚕坛重要的文化遗存。

浴蚕河

先看看浴蚕河。

具服殿院以东的浴蚕河，纵贯先蚕坛南北。这条浴蚕河宽约 4 米，长约 160 米，是北京城内最短的一条河道。浴蚕河是由什刹海水经北皇城墙下的西压桥汇入北海后门内的水池（俗称小海）后，分流成四段。主流向西南直泻形成北海水面，一段向西流入镜清斋，一段由地下暗沟引入织室前的浴蚕池，另一段向东南经水

浴蚕河北入口处

蚕室现状

蚕室梁架

修缮中的二十七蚕室

闸注入蚕坛北垣，并由南垣流出，这段河道即是所谓的浴蚕河。河道两侧为花岗石驳岸，河上原架设两座木桥（现已改建为水泥桥），南北各一，桥分别连接蚕神殿、蚕室；河内还有两座水牐（闸）可以启闭，用于调节水位，清洗桑叶。

浴蚕河水南流出先蚕坛，经画舫斋、濠濮涧出北海东墙，过西板桥、白石桥，经景山西墙、山右里门（今景山西门）桥、鸳鸯桥，汇入紫禁城筒子河。由此可见，先蚕坛的浴蚕河与前后三海、景山和紫禁城的水流融为一体，是皇城水系的重要组成部分，可见其设计精巧，匠心独运，这一点是其他皇家坛庙所不具备的。

浴蚕河东侧北部有一组通脊连檐的排房为蚕室，是皇家举行亲桑之礼期间的育蚕之所及蚕妇居住之地。建筑坐东朝西，面阔 27 间 82.3 米（3 间一室，共计 9 室 27 间），进深六檩 5.6 米，高 4.9 米。灰筒瓦硬山卷

棚顶箍头脊，山面带排山勾滴，脊端带花草盘子砖雕。后檐墙为抽屉封护檐，墙体上身丝缝，下碱干摆。门窗为步步锦棂心，台基压面石为青白石基础，高 0.3 米。

公主福晋室现状

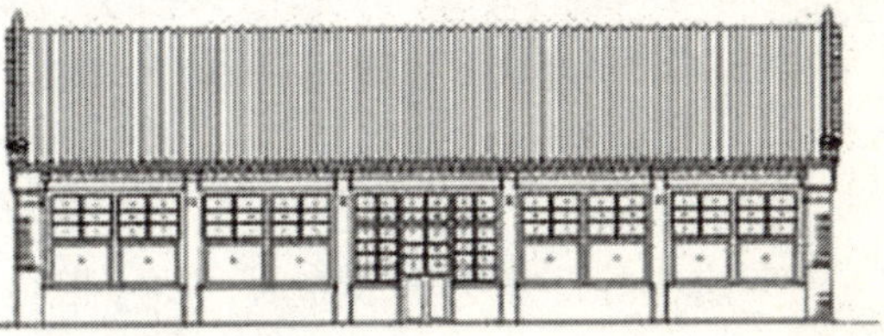
公主福晋室正立面

蚕室南侧，蚕神殿北侧，原有先蚕坛祠祭署院落一座。该院是清代先蚕坛日常事务的管理机构，隶属内务府，相当于“先蚕坛管理处”。院内正殿面阔三间，坐东朝西，南北配殿各两间，西院墙正中辟有随墙门。该院于 20 世纪 50 年代初期拆除。据《孝贤皇后亲蚕图》显示，蚕署院落建筑均为灰筒瓦卷棚顶箍头脊。

在先蚕坛南垣外侧有一座小型院落，坐西朝东，南北长 28 米，东西宽 59 米。院内东西并列有两座五开间正房，形制相同。西侧为陪祀公主福晋室，东侧为命妇室，是陪同皇后完成祭祀先蚕之神的贵族女性于祀神当日恭候皇后驾临的临时等候处。建筑面阔五间 16 米，进深七檩带前后廊 7.1 米，高 6.3 米。灰筒瓦硬山卷棚顶箍头脊，山面带排山勾滴。门窗为槛墙支摘窗。台基压面石为青白石基础。这五间公主福晋室、命妇室南

二十七蚕室正立面

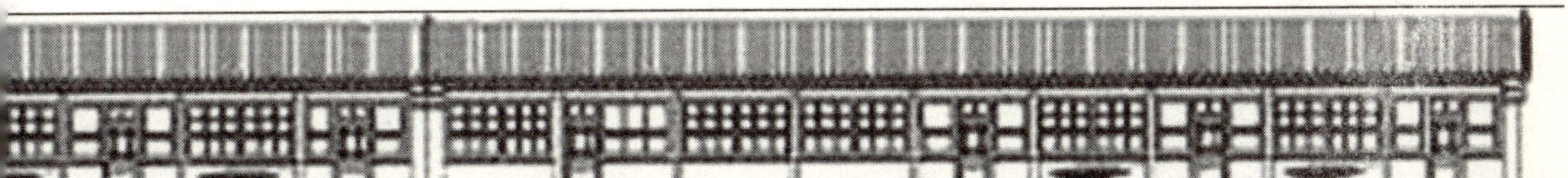

北两侧原有耳房各一间，西墙有随墙门一座，可通蚕坛正门，现已无存，门内原有木影壁一座已无存。流经此院东侧的浴蚕河现已成为暗沟，河上原有木桥亦无存，河东岸原有三间平房已拆除。民国初年，曾于该院东墙（也是北海公园东墙）上辟一门，称为蚕坛门，可通园外北海夹道。此门在20世纪50年代初期已经封堵。

据乾隆、嘉庆、光绪三朝《清会典》显示，乾隆初建先蚕坛时，此院东墙在浴蚕河西侧。嘉庆年间，浴蚕河东岸已建起一道围墙连接原有院墙，这样便将一小段浴蚕河（约27米）包于该小院内，东院墙上辟有便门。又在公主福晋室西侧、命妇室东侧以北，添建北房各三间，清末又在浴蚕河东岸添建东房三间。民国初年，将公主福晋室、命妇室以北三间北房拆除。新中国成立后，将小院内的浴蚕河改为暗沟，并拆除了其西侧隔墙，添建了部分办公用房。

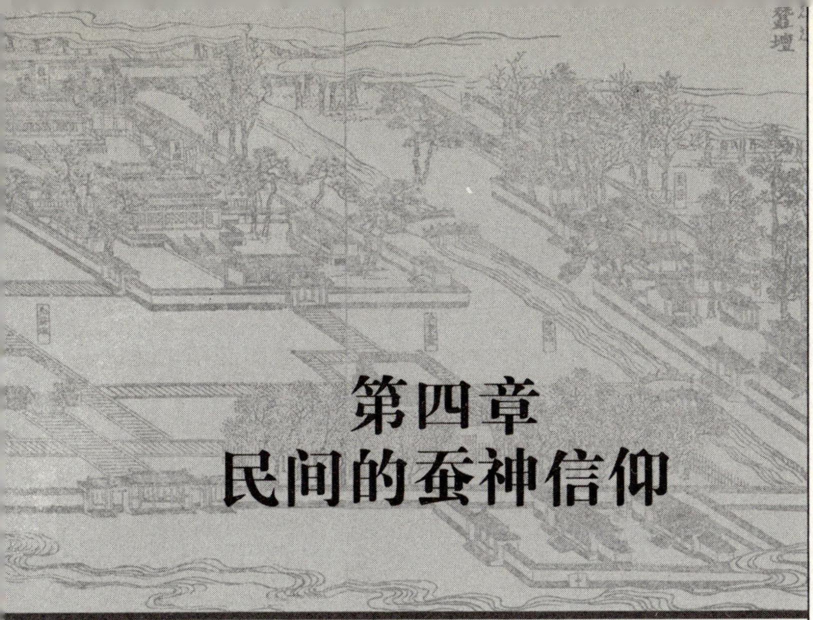

第四章 民间的蚕神信仰

一、马头娘——从《搜神记》说起

中国古代的神话故事有一个很有意思的特点，也许不少关注古典文学或民间神话传说的朋友已经注意到，那就是一个故事事出多头。也就是说，讲述一个核心内容的故事，往往有众多种版本。从神话学角度说，神话的产生及流传，必须要有一定的时间和社会经济内涵作为前提和存在背景，口口相传是神话传说传承的必经途径。就中华民族流传至今的传说，包括历史传说或者近现代传说来看，无一不是遵循上述原则传递后人，神话在流传中的嬗变，有时像生物界物种演化一般，内容不断充实，逻辑也不断完美，随着受众面的不断扩大而变得老少咸宜。但有时也会像不加控制而不断加大进气量的气球一般，由原本真实的客观世界描述，变化为逐渐主观臆想的内容上的无休止地添枝加叶，涉及的人物要么完美得无懈可击，要么一无是处。因此，对待神话传说更多的还是要采取两种态度：一是研究，就要逐步对其进行逆向操作式的文化还原；二是欣赏，将其作为文学作品品味其中的哲理。不可取的是，将其作为口述历史加以崇信，那样只会导致历史与神话的混淆，迷失在后天人为的文学夸张文字迷雾中。

中国古代从不缺乏神话传说，这反映出古人们在生活经验的不断提炼方面存在浓厚的浪漫主义思维，当然这也是我国传统文化积淀丰厚的重要表现之一。无论是盘古开天辟地、女娲炼石补天，还是仓颉造字、神农辨五谷识百草，体现的基本都是上古有贤德之人造福万民之举。我们从众多神话中不难看出，凡是造福民生之人、之事，都是后人永志不忘的重要历史记忆，把人民从茹毛饮血之中拯救出来，就是对后人的最大造福。

而最大的造福，莫过于衣食住行上的改善。

其中，使人们得以避免寒冷、促进文明生活、改善生活品质的头等大事，就是着衣的进步，由兽皮为裳进化为利用自然之物织造布匹制衣，如利用蚕丝纺织而成的丝织品、利用野麻纺织而成的麻织品等。其中，丝织品以其穿着舒适、外观华丽及良好的柔韧性，得到人们的大力推崇。

马头娘传说：缘起与大致的内涵

关于是谁首先发明创造了养蚕之术、丝织之术，前面已经讲过中国古代统治者推崇的先蚕之神西陵氏嫘祖，我们从嫘祖的国家祀典中其实更多看到的还是出于为统治者政治服务的影子。但是民间的先蚕之神祭典就大不相同，民间的祭祀更多伴随着动人的故事以及对祭祀对象的社会经济层面的理解，同时伴随较为真实的历史信息。正如神农氏辨五谷识百草比后稷教民稼穑更像神话一样，民间对于先蚕之神的认识也另有其人，影响最大、流传面最广、历时最久的，就是马头娘的传说。

提起马头娘，必须要说这个故事的直接出处《搜神记》。《搜神记》是

马头娘（《通鉴外记》）

众所周知的古代著名的神怪、志怪文学作品，作者是东晋时期的干宝。它在中国古代志怪文学中的地位，与之前的《山海经》乃至远在后代清代的《聊斋志异》并驾而行。书中所描述的种种故事，多是作者所居江南地区流传已久的民间传说。也就是说，书中的故事绝不是该故事的原始出处，而是作者对民间传说的文字记录加一定程度的文学夸张。关于马头娘，书中的记述是这样的：

旧说，太古之时，有大人远征，家无余人，唯有一女。牡马一匹，女亲养之。穷居幽处，思念其父，乃戏马曰："尔能为我迎得父还，吾将嫁汝。"马既承此言，乃绝缰而去，径至父所。父见马惊喜，因取而乘之。马望所自来，悲鸣不已。父曰："此马无事如此，我家得无有故乎？"亟乘以归。为畜生有非常之情，故厚加刍养。马不肯食，每见女出入，辄喜怒奋击，如此非一。父怪之，密以问女，女具以告父，必为是故。父曰："勿言，恐辱家门。且莫出入。"于是伏弩射杀之，暴皮于庭。父行，女与邻女于皮所戏，以足蹙之曰："汝是畜生，而欲取人为妇耶？即招此屠剥，如何自苦？"言未及竟，马皮蹶然而起，卷女以行。邻女忙迫，不敢救之，走告其父。父还，求索，已出失之。后经数日，得于大树枝间，女及马皮，尽化为蚕，而绩于树上。其蚕纶理厚大，异于常蚕。邻妇取而养之，其收数倍，因名其树曰“桑”。桑者，丧也。由斯百姓竞种之，今世所养是也。言桑蚕者，是古蚕之余类也。

干宝的描述，在今天看来，是将民间神话传说与当时对蚕之属性的认识合二为一，特别是一直以来将蚕与马的形象相结合的特殊内涵。以后历代关于马与蚕的传说，也就是马头娘的起源传说，基本都是在《搜神记》干宝编写的故事基础上的再加工。

其实，马头娘在中国的民间祭祀中还有众多的别称，经过统计，我们发现马头娘具有以下别称：

蚕花娘娘、蚕花娘子、蚕丝仙姑、蚕皇老太、马明王、马明菩萨、马鸣菩萨、蚕王菩萨、蚕花菩萨、蚕三姑、蚕大姑、蚕母、先蚕圣母、马鸣大士、马头圣母。

马明王菩萨到府来，到你府上看好蚕。马明王菩萨出身处，出世东阳（郡）义乌县。爹爹名叫王伯万，母亲堂上王玉莲。马明王菩萨净吃素，要得千张豆腐干。十二月十二蚕生日，家家打算蚕种腌。有的人家石灰腌，有的人家卤池腌。正月过去二月来，三月清明在眼前。清明夜里吃杯齐心酒，各自用心看早蚕。大悲阁里转一转，买朵蚕花糊箓盘。红红绵绸包蚕种，轻轻放在枕头边。歇了三日看一看，打开蚕种绿艳艳。快刀切出金丝片，引出乌蚁万万千。

——《马明王》（浙江海宁民歌）

一神多称，这在中国古代以至当代的民间祭祀文化中是常见现象。通过对众多地方社会生活中蚕神马头娘的祭祀记载我们发现，无论什么称呼，所谓马头娘的形象基本上是两种：主要分布于四川绵阳、绵竹、什邡等成都以北地区的女子身披马皮、头顶马头或背负马头的造型，分布于江南苏浙鄂地区的女子立而旁立马匹或手牵马匹的造型。明显地，这两种造型之间不仅有着谁先谁后的继承关系，而且神话形象直白地表露出与《搜神记》中的故事存在简单且直接的关联。

不妨再向《搜神记》成书之前的历史时期中追寻一下线索。

《山海经》是成书于汉代的一部多记述上古时代的神话志怪之书，可以看成中国古代志怪之书的始祖，内容以离奇怪力著称。《山海经·海外北经》中，有这样一个故事：

> 欧丝之野在大踵东，一女子跪据树欧丝。

说其是神话，其实是对自然现象的一种最早的浪漫主义诠释。以今天的视角来看，很容易想到这是对蚕在树上吐丝这一自然现象的文学夸张。有意思的是，这则神话中已经将蚕比喻成女子，以形容蚕的洁白、美丽、多姿，也隐晦地将女性与蚕之养殖联系在一起，但故事中尚未涉及到马的形象。

关于蚕与马之间的关联，应该有两种可能。

其一，源自人们对蚕的自然形态的观察。蚕属于生物学上的完全变态虫，一生的生理形态要经过卵、蚁蚕、蚕蛹、蚕蛾几个阶段，其中，线形虫体的蚁蚕是人们接触最多的蚕之形象，蚕在这个时期要吃进大量桑叶，在爬行、取食中常有“昂首”形态（多见于四次蜕皮后的成虫），远观类似马的脖颈或昂起的马头。《荀子·赋篇》中就有“此夫身女好，而头马首者与”的描述，这是文献中最早将蚕的生理形态与马的生理形态相连的文字记述。

其二，源自古人的天象观和对自然的非科学认知。古人的知识多来自劳动经验的不断积累和对自然的观察，在观察大自然的过程中，形成一定的朴素科学认知，也形成一定的非科学认知，关于蚕的由来就体现出这种非科学的认知：

蚕为龙精，月直大火，则浴其种，是蚕与马同气。

——《周礼·夏官》

同时，又有蚕与马同为天驷星的说法，其实这种说法还是“蚕马同气”的思想体现，如《周礼·夏官》所说的“夏官，掌质马……禁原蚕者”，郑玄注释为：天文，马为辰。蚕为龙精，月值大火，则浴其蚕，是蚕与马同气。也就是说，天文上马属大火，蚕为龙精，蚕在大火二月孵化并浴种，因此马就与蚕“同气”，也就是同类。又因天文上代表马的星宿为“辰”，也就是房宿，又称天驷，所以后来才会出现蚕与马是天驷星的说法。

马头娘的故事，虽然《搜神记》中有明确讲述，但故事的起源地并不在其中，倒是《墉城集仙录》中的描述更为清晰：

蚕女者，乃是房星之精也。当高辛之时，蜀地未立君长，唯蜀山氏独立一方。其人聚族而居，不相统摄，往往侵噬，恃强暴寡。蚕女所居，在今广汉之部，亡其姓氏。其父为邻部所掠已逾年，唯所乘马犹在。女念父隔绝，废饮忘食。其母慰抚之，因告誓其部之人曰：“有能得父还者，以此女嫁之。”部人虽闻其事，无能致父还者。马闻其言，惊跃振迅，绝绊而去。数月，其父乘马而归。……父怒，射杀之，曝其皮于庭中。女行过侧，马皮蹶然而起，卷女飞去。旬日，复栖于桑树之上，女化为蚕，食桑叶，吐丝成茧，用织罗绮衾被，以衣被人间。蚕自此始也。……一旦，蚕女乘彩云，驾此马，侍卫数十人，自天而下，谓父母曰："太上以我孝能致身，心不忘义，授以九宫仙嫔之任，长生矣，无复念也。"言讫，冲汉而去。今其冢在什邡、绵竹、德阳三县界。每岁祈蚕者四方云集，皆获灵验。蜀之风俗，诸观画塑玉女之像，披以画皮，谓之马头娘，以祈蚕桑焉。

《墉城集仙录》，为唐杜光庭辑录的一部以反映道教神仙传记为内容的神话总汇，原为10卷，共收录女仙109人，现只遗有6卷。我们抛开道教内容不谈，单就纯粹故事来说，该"马头娘"故事已在《搜神记》基础上将女性、蚕、马、天驷等马头娘的核心内容完全编织一起，并将发生地点设在了具有悠久桑蚕养殖和丝纺历史的古代四川，且与古代四川地方史的特色相连。这样看来，故事内容的逻辑性、文学润色度更为到位，也更具有民间传说的特色和口头文学中使人信其真的说服力。

马头娘的传说因其具有更为接近真实生活的文学内涵而拥有强大的生命力，时至今日，仍有广大桑蚕养殖及丝织业发达的地区流行着马头娘的传说和祭祀活动。

马头娘祭祀的流传

事实上，随着古四川与外界的樊篱逐渐被打破，尤其是交通不便的逐渐改善，马头娘的传说和祭祀活动也从四川蔓延到其他盛行桑蚕养殖和丝织业的地区。尤其是江南的江苏、浙江等长江下游桑蚕养殖和丝织业发达地区，至明代就已存在普遍的马头娘祭祀活动。比如太湖地区，当时就有马头娘的神祃出售（所谓神祃是印在草纸上的神像，一般为木刻版印制），画面上的马头娘手牵着马匹站立。不过，更显现马头娘原始形象的祭祀形象不仅没有消失，反而同样存在。如江苏某地曾有一座蚕神小庙，内里供奉着一尊马头娘神像，其形象就是一位头顶罩有马头、身披马皮、手捧蚕茧的端坐女性。这说明，马头娘的祭祀活动流行于四川本地之时，应该保留着与该传说故事的核心内容一致的人物形象；而随着这个传说的不断散播，原始的祭祀形象也像其他民间崇拜的神祇一样，随着地域民俗的差异、人们对于神话内涵理解的差异、不同区域的神话形象接受度等客观或主观因素影响，使其发生不同程度的演化，甚至是异化。

今天的学者能够在长江下游地区采集到的文化人类学证据表明，这里的马头娘祭祀文化已经成为区别于神话和祭祀原始发生地四川的一种民间祭祀文化，二者之间有着十分清晰的地域差异，特别是太湖地区的杭（州）、嘉（兴）、湖（州）地区，历史上一直有很复杂的祭祀马头娘风俗。祭祀的方式通常有两种，一种以家庭为单位举行，另一种以庙宇为中心举行。家庭举行的方式是：

湖州含山蚕神

下蚕后，室中即奉马头娘。遇眠，以粉茧、香花供奉。蚕毕，送之。出火后，始祭神。大眠，上山，回山，缫丝，皆祭之，神称蚕花五圣。

出火后祭神所用的祭品叫“茧圆”，是用米粉做成的如同蚕茧一样大小的圆子。以庙宇为中心的祭祀，又称庙会，规模有大有小，大的如杭州西湖的香市、嘉兴三塔的踏白船、湖州含山的轧蚕花、桐乡芝村的水会、海宁的蚕花戏等，都闻名远近。一般在春季蚕事开始之前，结伴同赴杭州，进庙烧香，祈祷“田蚕”。田蚕是把植桑和蚕事两者结合起来，祈求双丰收。其中湖州含山有一种名叫“轧蚕花”的风俗（“轧”是吴语，即“挤”的意思），还保存着原始生殖崇拜的残余，含山上有一座蚕神庙，祀奉马头娘。蚕农们于每年清明节前后两天里上山祭祀蚕神，多时一天可达两三万人。有个不成文的规矩，未婚的男女青年总要往人堆里挤轧，人越多，挤得越热烈，即预兆当年蚕事越兴旺，称之为“越轧蚕花越发”。未婚的蚕花姑娘非常希望有哪位小伙子摸一摸她的乳房，俗称“摸蚕花奶奶”，认为能有机会被摸一下，这意味着她有资格当蚕娘，她的蚕事一定会兴旺。轧蚕花在苏南、浙北以至浙中一带都有之，至20世纪50年代才消亡。这个风俗的起源是极其悠久的，主角是女方，留有原始社会母系氏族时期的遗风（顾希佳：《从蚕神祭祀仪式的比较研究看中日文化交流》，《中日关系史上的浙江》，有限会社国际文化工房2001年版）。

尽管个别地方对马头娘的名称进行了更改，如前述蚕花五圣，但马头娘的形象通常保留一致的风格，也就是前面所说的牵马站立之女子形象。

有意思的是，今天四川的蚕神崇拜，反远逊于它的长江下游传播地区，更明确地讲，马头娘的祭祀崇拜在长江下游地区得到发扬光大，而四川本地近些年却与其他省份争论西陵氏嫘祖的原始地，反而忽略了本属于自己的重要民间祭祀文化马头娘，殊不知，马头娘的祭祀才是生根于民间的主流蚕神祭祀文化，而西陵氏嫘祖不过是当年封建统治者手中教化民众的政治道具而已。看来，对传统文化的认知，还是有相当争论的必要。

马头娘的传说和祭祀活动，也流传到了日本。作为中华文化圈的一分子，日本的文化中残留有不少古代中华文化的孑遗，马头娘祭祀就是其中之一。所不同的是，像其他神话流传一样，马头娘的神话和祭祀也糅合进日本自己的祭祀文化风格，如日本东北部地区流传的蚕神祭祀，将马头娘更名为白神，意为蚕白、丝白；神像是一对用桑木刻成的神偶，一个是男性，刻成马头，另一个是女性，刻成女子头，身上穿漂亮的衣服。每年农历三月十六日前后是白神的祭日，届时附近数千名蚕农都带着各自家里祀奉的白神神体，到久渡寺去祭祀蚕神。祭祀的人们在神前行礼拜之后，围坐在院子里或寺外空地上，跳舞、聚餐，晚上在月亮下燃起篝火，由巫女吟诵《白蚕祭文》及咒语。白神的传说、《白神祭文》所诵的神话故事，同中国《搜神记》的内容大致相似（顾希佳：《从蚕神祭祀仪式的比较研究看中日文化交流》，《中日关系史上的浙江》，有限会社国际文化工房2001年版）。

作为民间最重要的蚕神崇拜，马头娘的祭祀在个别地区与当地的人为宗教也发生了交叉，如唐代《乘异集》中载：

蜀中寺观多塑女人披马皮，谓马头娘，以祈蚕……俗谓蚕神为马明菩萨。

所谓寺观，除了泛指各种民间崇拜的小庙之外，其实也包括了人为宗教的佛寺与道观。人为宗教向世俗的妥协，使马头娘这种饱含人们善良祈愿的自我心灵安慰式的崇拜搭上了便捷的传播工具，在其富有生存土壤的文化环境中迅速传播，既为作为文化宿主的人为宗教添加了新的内容（虽然添加的内容可能与人为宗教毫无关联），同时自己又得以挂上人为宗教的光辉头衔，如前面所说的马明菩萨（坦白地讲，这个称呼可谓是不伦不类），使人为宗教越来越世俗化，而原本为民间一般崇拜的蚕神崇拜却越来越神圣化。这种互相依偎、相濡以沫的伴生生存，实质上就是中国传统文化中精神生活的一个真实写照。

村南少妇理新妆，女伴相携过上方。

要卜今年蚕事好，来朝先祭马头娘。

——（清）李兆钛:《蚕妇诗》

二、丰富多彩的民间蚕神祭祀活动

前述一节，用较为多的笔墨讲述了民间祭祀的先蚕之神——马头娘的方方面面。这一节，我们再看看民间祭祀文化中丰富多彩的祭祀活动。

就像先农之神的民间祭祀一样，先蚕之神或曰蚕神的民间崇拜有这样几个特点：一是存在异名而功能相同的神祇；二是官方祭祀的蚕神与民间祭祀的蚕神并不是楚河汉界式的不相容，而是官方祭祀的蚕神在礼仪上繁复有加，但通过官方的推广在地方同样安营扎寨，与民间自发祭祀行为逐渐融合，到近代实际上已无区别；三是与官方一板一眼较为沉闷、借用于儒家典章规范的祭祀活动相比，民间祭祀更显生动活泼，更能体现出人们热爱生活、向往幸福、祈愿福祉的淳朴愿望，这也是蚕神崇拜相延不断的真正内因。从现实意义上讲，民间蚕神崇拜已经成为以南方桑蚕养殖业发达地区为主的重要民俗活动组成之一，是中华民族优秀非物质文化遗产的重要组成，应该得到高度重视与发扬光大。

马头娘不是民间蚕神的唯一

前几章文字中我们已经涉猎到一些形形色色的蚕神，如官祭的先蚕之神西陵氏嫘祖，民间最大的先蚕之神马头娘，其实，民间还有一些重要的蚕神存在。

蚕丛

说到四川的养蚕，第一章中已有叙述。川蜀之地的蜀锦自古就是当地的特色商品出口到各地，甚至远销国外。因此，与桑蚕养殖和丝纺相关的传说和记述具有相当数量。四川自古就流传着富有地方神祇色彩的蚕神“蚕丛”的传说：

蜀王之先，蚕丛、柏获、鱼凫……是时人萌椎髻左衽，不晓文字，未有礼乐。从开明到蚕丛，积一万四千岁，盖后世以蚕丛为蜀国之号。

——（汉）扬雄：《蜀王本纪》

其实，某一地理区域内一种适宜当地自然环境而兴旺的产业，会伴随这种产业的发展壮大而相应产生出自己的文化传说，这几乎是所有工业时代之前出现的各类产业发展的必然现象。这种文化现象甚至到工业时代也有相当市场，我们不妨称之为产业神话。而中华文明历来具有一神多拜或富有原始宗教特色的多神崇拜传统，职能神因此会以多种面目示人。古代四川因盛产桑蚕之丝，附带出的蚕神崇拜也存在一神多形的情况，古代蜀国先王蚕丛更像先农之神之一的后稷，对桑蚕业的具体推广和兴旺有着重要历史意义。

扬雄（公元前53—公元18年），西汉文学家。字子云，蜀郡成都人。汉成帝时为侍郎。新莽时为大夫，校书天禄阁。《蜀王本纪》为历代蜀王传记，始于先王蚕丛，迄于秦代，原书已佚。明代万历年间，郑朴搜求散见于《史记》《文选》注及诸类书中的《蜀王本纪》文字，重新辑汇成书。

蚕丛作为古蜀国的开国之祖，所有建功立业的功勋集其一身，这一点与中原地区的黄帝、炎帝等先贤的传说是相同的。关于蚕丛在桑蚕方面的功绩，后世的史书或文献根据前代传说，给予了明确的定位：

> 蚕丛氏，初为蜀侯，后称蜀王，教民蚕桑。
>
> ——《大明一统志》

蚕丛的先蚕之神地位，特别是四川本地的先蚕之神地位毋庸置疑。只不过，这已是遥远的上古神话传说，人们的记忆无法经受时间的磨炼，早已将这位活在传说中的1.8万年之前的先人事迹淡忘得只遗留于有时都可以忽略的片纸只字之中。

青衣神

青衣神也是古代四川当地的一位蚕神，民间传说就是蚕丛的另一称谓。

> 传蚕丛氏初为蜀侯，后称蜀王，常服青衣，巡行郊野，教民蚕事。乡人感其德，因为立祠祀之。祠庙遍于西土，罔不灵验，俗概呼之曰青衣神。
>
> ——《三教源流搜神大全》

从传说上看，青衣神的行为极像后世传说的先农之神炎帝神农氏，为了解除人们病痛四处走动，遍尝百草，为人们寻找治病的药材，同时将发明的耒耜使用技术传授人民，授民以农耕之术及五谷栽培之术。看来，凡是为黎民百姓谋求过福祉的先贤，他们的功勋是永远不会为人民忘却的。

蚕花五神

也称“蚕皇”“五花蚕神”。男性，其形象三眼六臂，头戴夫子盔，两

蚕神（景印《文渊阁四库全书·农书》）

手高举过头，一手托日，一手托月；中两手一手抓丝，一抓茧；下两手合于腹部，捧一摞蚕茧。蚕花五神无具体祭日，只有逢年过节、蚕月大忙时香火旺盛。端午后采茧结束，各家都举行一次“谢蚕神”活动。蚕花五神的活动多盛行于清代至民国时期的苏浙一带，可以看成前述蚕丛、青衣神的传说和祭祀形象传播出川至苏浙地区后的一种地方变异。

> 有蜀侯蚕丛，其目纵，始称王，死后作石棺石椁，国人从之，故俗以石棺椁为纵目人冢也。
>
> ——《华阳国志·蜀志》

蚕花五神的三目之中目，为纵目，这种纵目的形象在古代四川的地方神祇祭祀中存在较为普遍（四川广汉三星堆遗址出土的青铜人面或人像，其额面正中都有第三只纵立的眼睛）。推测这种纵目的形象也伴随蚕神的祭祀传至江南地区，逐渐演变为一种地方蚕神形象。如浙江海宁蚕乡信仰的“蚕花五神”为男性，盘膝端坐，有三眼，中间一眼为纵目。六手，上举的两手各擎日和月，中间两手持物，下面两手捧蚕茧。

至于为何形象为六臂，我们是否可以这样看，蜀地当地的神祇形象都是六目，这个特性已经叠加到男性化的蚕身上，而蚕的多足形象就只能通过给神祇多出几个胳臂以象征性地表示，目前也只有这种解释能说明问题。

发苗仙姑、天驷星君、苑窳妇人、寓氏公主

苑窳妇人、寓氏公主，是西汉时期皇家祭祀的蚕神，汉代以后消失。但在民间个别地方遵循祭神礼多不怪的传统，是神便拜，于是再又搬出早已无人祭拜的神祇进行祭祀。典型如清代苏州的机神庙，内里即供奉苑窳妇人、寓氏公主。

天驷星君，则是道教中的天神。道教在逐渐发展中，将民间各路神祇逐步纳入麾下，摇身一变为道教神祇，其中，天驷房星也成为其中之一。到封建专制社会之末的清代，儒家、道家、佛家神祇混而不分的现象日益严重，原本的宗教神祇不少已经世俗化为民间神祇，或民间神祇摇身升格为宗教神祇。天驷星君于是以其特殊的蚕马背景被请至民间蚕神庙祭拜，前述的清代苏州机神庙内也供奉有天驷星君。

至于发苗仙姑，就更是一种民间为了祭祀蚕神而自造的神祇，传播范围极为狭隘，少见于记载。

多彩的民间祭祀活动

民间祭祀文化的丰富多彩，不是统治者推行的官方祭祀可以比拟的，目的不同自然要导致形式上的差异。官方祭祀的主要目的，一是敬天法祖，自然万物都是神祇，人们斗不过大自然，因此产生敬畏之心，故此大自然的一切都要祭祀，同时还要求得祖宗的庇护，使得统治者祖孙绵延、福寿永祚；二是代表国家在敬神活动上做出表率，“以为天下之先”。为此，庄严、隆重、不惜成本，成为官方祭祀活动的代名词，刻板、枯燥，显然是官方祭祀无法去掉的大众形象。而到了民间，人们除了在祭祀神祇中也要有相应的议程、仪轨外，更多的是把祭祀活动作为百姓平日难得一聚的交流机会来加以多种功能应用。虽然，出于朴素的民生考虑，民间祭祀体现出更为强烈的实用主义和功利主义，将神祇完全置于职业保护神的功能位置，祭祀及乞求的既谦卑又功利之心直白地表露，但为了更好地敬神，更多情况下人们会采用力所能及的各种方式作为手段来表达自己的诉求。这些手段脱离不开当地的地理环境、自然物产、人文传统、经济发展方式等诸方面，因此祭祀活动的开展随着前述因素的变化而产生出差异，活动形式随之多样化，这也就是所谓的丰富多彩之所在。

大量地方志的描述中，对蚕业发达地区传统上的蚕神祭祀活动都有或多或少的记载，这些记载尽管内容详略不同，但作为了解民间蚕神祭祀活动的窗口还是饶有趣味的，今天，通常可以作为一个地方民俗学的田野研究素材来对待。

这些民间祭祀蚕神记载，可分为官方推广的先蚕之神祭祀，以及民间传统的祭祀活动。

官方推广的西陵氏嫘祖祭祀

我们知道，西陵氏嫘祖的官方蚕神身份，是从南北朝北周时才开始。其实民间对西陵氏嫘祖的祭祀一直存在，但在官方的蚕神身份推广之前以至推广之后的相当长时期内，西陵氏嫘祖所扮演的角色还兼具行路之神之功能。古书上说嫘祖喜欢远行，作为黄帝之妻常四处行走，结果终于行路期间。为此后人将其作为行路之神崇拜，以为保佑出行之人安全抵达目的地。从北周将西陵氏嫘祖确立为国家祭祀的蚕神起，她的蚕神形象逐渐在民间推广，在一些地区出现祠庙，但祭祀规模和流传的广度远远比不上已经存在的民间蚕神马头娘。尽管有后世文人企图加大对西陵氏嫘祖蚕神地位的宣扬，并不断通过对记载描述添枝加叶以强化嫘祖贡献的功勋卓著和个人形象，甚至想效法古人将炎帝与神农氏合二为一成为一神的做法，而把西陵氏嫘祖与马头娘糅合为一个蚕神，但目的始终没有达到，民间对于马头娘的崇拜依旧强大。

到了清代康雍乾之时，由于清代统治者注意安养民生，采取一系列措施大力恢复农业生产，极力鼓励农桑，使当时的中国出现男耕女织传统农业生产的兴盛（客观地说，这种兴盛对于饱受明末以来长年战乱痛苦的人民，起到相当的抚平伤口的正面作用。但也严重迟缓了始自明末的中国资本主义萌芽的继续发展，使与男耕女织小农经济相伴随的封建专制政治体制人为延长了近300年）。作为形而上的神祇祭祀，清帝先是大力提倡对农业之神先农炎帝神农氏的地方官祭（清雍正四年八月，下旨于雍正五年始全国除蒙藏疆外其余地方建制一律设地方先农坛，参照地方祭祀社稷之礼，按国家祭祀先农的九卿规制行祭先农亲耕礼），随之在中央开始对西陵氏嫘祖先蚕之神的祭祀，并在国家祭祀西陵氏嫘祖的活动完善深入后，开始有针对性地在江南桑蚕生产大省推广国家的先蚕之神祭祀活动。对此，清代史料有详细记载：

（雍正十三年）四月，己亥。礼部议覆。河东总督王士俊奏请奉祠先蚕。……周制蚕于北郊，其坛应设于北郊。祭日用季春吉巳。一切坛制祭品，俱视先农典礼。京师为首善之地，应于北郊建坛奉祀。届期，派礼部堂官一员承祭。通行直省各府州县，一体遵行。从之。

——《清实录·世宗实录》卷一百五十五

（乾隆元年）春正月，癸卯。直隶总督李卫疏请出蚕省分，建立先蚕坛。总理事务王大臣议覆，为坛以祀先蚕，经传未闻，未便各省城通立。应于京师建祠奉祀，至期，遣礼部堂官一员承祭。从之。

——《清实录·高宗实录》卷十

（乾隆五十九年）五月，庚寅。谕曰：吉庆奏，浙省乡民饲蚕，每年在轩辕黄帝庙祈祀蚕神。向不官为致祭，随安设神牌，于后殿率属致祭，三月下旬，天气晴和、蚕桑茂育等语。蚕桑本与稼穑并重，浙省杭、嘉、湖三府，尤比户饲蚕，以资生业，允宜恭祀先蚕。聿崇昭报。着每年官为致祭，载入该省祀典，并御书扁额，发往悬挂轩辕黄帝庙及先蚕后殿，以祈神贶。御书轩辕黄帝庙扁曰“利用宜民”，蚕神庙扁曰“衣被功神”。

——《清实录·高宗实录》卷一千四百五十二

从文献中看出，清雍正十三年（1735 年）时即已打算效法在地方推行先农之祭而推行先蚕之祭，只不

杭嘉湖地区（截自百度地图）

过因为雍正帝的离世没有具体落实。乾隆帝即位后，虽有大臣想提醒乾隆遵先帝遗愿继续开展地方先蚕坛的设立，但又因中央尚无先蚕之祭，于是地方推广再次作罢。直到晚至乾隆帝作古之前，方才重又提出地方先蚕祭祀的官祭之制，但比对于先农祭祀，先蚕的地方官方祭祀可谓范围小之又小，仅限浙江省的杭州府、湖州府、嘉兴府行政区域。

为什么桑蚕的地方官祀选中这里呢？从地理位置看，这里是浙江省俗说的浙西地区，北临太湖，东对钱塘湾，河流密布、水网发达，因气候原因，自古这里就是生产蚕丝之地，桑蚕业极度发达。考古表明，新石器时代的母系氏族时期就已出现养蚕。后世自宋代开始，这一地区伴随浙江全省都处于一个相对稳定的地理区划时期，人口稠密、经济发达，因而逐渐形成杭嘉湖的经济特色及人文特色，其中，桑蚕养殖及丝纺成为这里的主要产业。明代人文地理学家王士性在他的著名人文地理著作《广志绎》中，曾有过这样描述：

杭、嘉、湖平原水乡，是为泽国之民……浙十一郡惟湖最富，盖嘉、湖泽国，商贾舟航易通各省，而湖多一蚕，是每年两有秋也农为岁计，天下所共也，惟湖以蚕。蚕月，夫妇不共榻，贫富彻夜搬箔摊桑，官府为停征罢讼。竣事，则官赋私负咸取足焉，是年蚕事耗，即有秋亦告匮，故丝绵之多之精甲天下。

关于杭嘉湖地区的桑树种植、生丝及成品丝绸的产量，清光绪《嘉兴府志·卷三十二·农桑》有关于嘉兴府一地的详细记载：

本府农桑八万八千四十四株，科丝七百五十六觔二两六钱一分，折绢六百三十三匹一丈七尺二分五厘。官桑四万五千一百八十四株，科丝六百七十五斤四两三钱九分，折绢五百七十四匹一丈七尺八寸二分五厘。民桑四万二千八百六十株，科丝八十斤一十四两一钱一分，折绢六十八匹一丈二尺九寸。嘉兴县□□五年除分秀水、嘉善不计外，实在桑丝一百四十五斤一十两一钱一分，折绢一百二十九匹一丈五尺五寸七分。秀水额桑五千一百一十二株，科丝一百七斤二两五钱七分，每丝一十八两折绢一匹，共折绢九十五匹七尺七寸一分。嘉善县官桑三千一百六十三株，科丝五十九斤八两三钱四分，民桑二百八十六株，科丝十斤一两六钱九分；海盐县额桑九百八十八株，科丝四十七斤一十一两三钱，每丝二十两折绢一匹，共折绢三十八匹五尺三寸；平湖县抄没桑一千四百七十四株，科丝六十三斤二两，折绢五十四匹一丈五尺；崇德县农桑四万一千六百八十九株，科丝五百二十五两三钱三分，折绢三十一匹八尺，抄没桑二万七千八百三十三株，科丝四千五百三两八钱七分，折绢二百二十五匹三尺七寸五厘；桐乡县农桑计三万四百零二株，该税丝一千八百三十三两三钱五分，折绢九十匹二丈七尺四分五厘，官桑九千五十一株，科丝一千五百三两六钱七分，折绢七十四匹五丈七尺八寸五厘，民桑二万一千三百五十一株，科丝三百一十九两六钱八分五厘，折绢一十五匹二丈九尺六分。

既然浙西地区蚕业如此的重要，可想这里应该成为中国大一统专制社会晚期的桑蚕养殖和丝织业中心区。这里的蚕神祭祀经久不衰，就是经济基础决定上层建筑的的一个重要反映。

从《清实录》的记载中，可以了解到浙西地区原已就有民间将黄帝轩辕氏和其妻西陵氏嫘祖作为蚕神祭祀的传统，这正好迎合了乾隆帝推广地方官祀西陵氏嫘祖的要求，于是颁旨地方官开始官祀蚕神，祭祀礼仪、用品与地方先农坛祭祀相同，更别出心裁亲自题写匾额，下发浙江省城杭州的轩辕庙和浙西三府二十三州县在蚕神庙中悬挂，以示国家对这里的先蚕之神祭祀的高度重视。

从此，西陵氏嫘祖正式成为国家提倡的全民先蚕之神，在地方得到政府官员出面祭祀的政治待遇。

时至今日，全国一些地方还留有受当年清帝提倡的影响设立的西陵氏嫘祖祠庙，比如河北易县西陵祠、河南新郑西陵庙、苏州的轩辕宫，等等。

民间传统的蚕神祭祀活动

尽管清朝政府大力倡导地方上对西陵氏嫘祖的官方祭祀，但民间自己的蚕神祭祀活动并未受到影响。前面一节中已对马头娘的地方祭祀活动有了较为详细描述，这里再对民间的其他蚕神祭祀活动，甚至借祭祀蚕神开展的民俗活动，进行一下大致介绍。需要说明的是，这里介绍的蚕神祭祀活动，多存在于1949年之前，地域为浙江（特别是浙西地区）、江苏苏南地区。丰富多彩的民间祭祀活动，既表达了民众对于先蚕之神的崇敬，也成为终日为了温饱劳碌的人们得以暂时安歇

供桌上的蚕花

愉悦精神的民俗活动。

接蚕花

浙江嘉兴、桐乡、海盐、海宁等地盛行的一种古老祭神仪式，每年春季在蚕户家中举行，祭神仪式由赞神歌手（赞神歌手俗称烧纸歌手，也称为骚子歌手）主持。仪式中有一称为“接蚕花”的节目，由歌手将事先准备好的一杆秤、一块红手帕、一张蚕花马幛（蚕之神祃）和插在黄纸上的两朵红白纸花（枝上有柏树叶）交给该家的女主人，同时诵唱“蚕花歌”。歌词唱道：

称心如意，万年余粮；蚕花马、蚕花纸，头蚕势、二年势，好得势；采取好茧子，踏得好细丝，卖得好银子，造介几埭新房子。

这家女主人恭敬地将这些物品收藏起来，称“接蚕花”。等到收茧缫丝，举行“谢蚕花”祭祀之后，将蚕花纸、蚕花马幛等祭祀物品焚化。“接蚕花”活动在海盐一带每年农历年正月初二家家举行，用彩纸做成小花，中间缀以元宝，供奉灶间，待年底腊月二十三日送灶时，将其与灶神像同时焚烧。

蚕花水会

水上举行社会性的民俗活动，如浙江濮院陡门水会、新塍水会等都很有名。其中，桐乡芝村水会以蚕神祭祀为主要内容，称为蚕花胜会。旧时，芝村乡有一规模宏大的龙船庙（又名龙蚕庙），前殿祀四大天王，后殿祀“马鸣王菩萨”，马头娘是一端坐的女子，旁立一匹马，当地说是宋代敕封的“马鸣大士”，清代加封“先蚕圣母”，是桐乡、崇德一带蚕农信奉的蚕神。每年清明，各村联合在水上举行祭祀盛会。迎会从清明日开始，当天早上，由主持的村坊将马鸣王神像由庙中移至船上，各村参加迎会的船只齐集进行朝拜。每村都在船上表演拿手节目：龙灯船，赛灯；台阁船，由少年儿童彩扮表演；标竿船，由表演者爬上竖在船上十多米高的粗毛竹上演惊险动作；打拳船，在船上表演拳术；拜香船，由儿童捧“香凳”边跳边唱“拜香调”，在附近更开阔的河面上还进行“摇快船”比赛。赛会常举行三至七天，游人如织，船满河面，沿河数里设满茶棚、酒肆、货摊，鼓乐喧天，热闹非凡。

踏白船

清明节赛船习俗遍及浙西各县，嘉兴称踏白船，海盐称出跳船，平湖称摇快船，均为划船比赛。海宁赛船，选手兼在船上做武术表演。清光绪《嘉兴府志》谓：“清明，王店市河及荐泾有摇快船之戏。”近代则以嘉兴市区三塔、郊区油车港、南汇及嘉善天凝庄的踏白船为最有名，过去嘉兴市区三塔运河上每年一次的踏白船活动极为盛大。乡村划船能手组成赛船队（每船 10 ~ 16 人），按金木水火土五行，插红黄蓝白黑五色旗，赛手亦着同色服装列船河中，一声开赛，多船齐发，飞速向前，以速度最快者为优胜。

踏白船主要为祭祀蚕神。当地传说农历三月十六日为蚕花娘娘生日，踏白船于是在这天举行。嘉兴三塔的踏白船，届时先集中茶禅寺前祀蚕神，比赛结束后亦在庙前谢神聚餐，每当踏白船时，运河塘上观者如堵，气氛热烈，为一年地方盛节。

踏白船活动应该源于古时船运桑叶之故：养蚕时桑叶常须由远地购回，运输刻不容缓，在清明节前举行，是作为一种养蚕准备来检查，举行划船比赛有训练划船技术和提高船行速度之意，兼有文体活动意义。踏白船活动历数世纪不衰，早已演变为浙西水乡地区的民间体育活动项目。

蚕花生日

浙西地区多数蚕农以农历腊月十二为蚕花生日，亦即蚕花娘娘（马头娘）生日。旧时习惯在这一天祭祀蚕神，桐乡一带则例于此日做茧圆吃，寓纪念之意，海宁有些地方则以农历正月初九为“蚕日”。

请蚕花

请蚕花是浙江桐乡乌镇一带流传的习俗。当蚕蚁孵出后，蚕农备香烛供奉蚕神像（神祃），蚕娘头插红绿纸的彩花，将剪碎的灯芯和野蔷薇花细末撒蚕种纸上，再把蚕种纸挽在秤杆上，用鹅毛将蚕蚁和灯芯、野花末一起掸往蚕匾中。采用秤杆、灯芯等物收蚁，是为了讨口彩“称心如意”之意，以求一年蚕事顺畅、家宅吉祥。

做茧圆吃蚕花包子

古时蚕事开始或结束，蚕农多用米粉做成有馅或无馅团子和小圆子称为茧圆（类似汤圆），作为祭蚕神的供品，近代则逐渐演变成为一种饮食习惯，或用于馈赠亲友。浙江海盐过去做茧圆谢神，多在蚕三眠以后（蚕三眠后作小粉圆，祀马头神，名曰茧圆）。

清代海盐人、晚清诗人兼剧作家黄燮清有诗云，“蚕眠桑老红闺静，灯火三更作茧圆”，

浙江民间供奉的蚕皇纸祃

浙江民间供奉的蚕三姑纸祃

清代濮院人、诗人兼书法家陈梓《茧圆歌》云：今年生日粉茧大，来岁山头十万颗"，都是对这一祀蚕民俗的真实描述。

浙江桐乡的风俗是在腊月十二日时做茧圆。桐乡有些农户清明节还做生粉团子，形似茧子，馈赠亲友邻里，意语“越生越多”。浙江海宁也是在清明节做茧圆，有青白两种，青者代表桑叶，白者代表茧子，象征桑蚕“吃青还白”（食桑吐丝）。1949年以后，做茧圆习俗逐渐变为农户售茧那天，常于集镇上买回甜、肉包子，回家分食，称吃蚕花包子。

谢蚕花

蚕茧丰收后，蚕农以酒食祭谢蚕神，祭毕全家聚餐，享用祭祀用的鱼肉，称为吃蚕花饭。有的地方在端午节谢蚕花，姑娘们在水边做“豁蚕花水”游戏。

演蚕花戏

浙江海宁、桐乡、海盐等地很多村庄，在每年清明节前后或收茧后，一定要上演蚕花戏祭神。戏资多由全村募集，雇请羊皮戏艺人来村演皮影戏，老幼出动聚集观看。演完羊皮戏后必加演一段《马鸣王菩萨》，皮影戏纸幕上出现一个女子骑在马上奔驰，艺人则伴唱《马鸣王菩萨》。演毕，蚕农向艺人讨取称“蚕花纸”的做纸幕的绵纸，用以糊蚕匾，据说可带来丰收。演戏点灯的灯芯也是神佑之物，艺人将其分赠给蚕农，称“蚕花灯芯”，据说放在蚕室，可以保佑一年蚕事顺利。

祛蚕祟

祛蚕祟是一项贯穿养蚕全过程的活动。大致包括：

（一）蚕室要打扫干净，用手蘸石灰水在窗户上印几个指头向外的白手印，用石灰水在门前画一张弓，弓背向外，搭上三支向外待发的箭，这样蚕祟就不敢从门窗进入。

（二）蚕室内挂一张空蚕匾，匾中斜贴一张正方形的红纸，从田里拔一棵带根的蚕豆苗和一把麦苗，以红纸包束，再以麻绳系一把无柄的镰刀，这三件物品一起挂在蚕室内。蚕上山后，将此三物放在山棚上，用以辟邪驱祟。

（三）认为陈年老黄历和古书残卷有辟邪驱祟的功效，用旧黄历、旧书糊蚕匾，能保护幼蚕安全生长。

（四）有的人家前一年养蚕如果不顺利，今年为了祈求丰收，男主人要在黎明前赤身裸体偷偷杀一只小羊，把羊血洒在蚕室里四周的墙脚，这个风俗是祛蚕祟活动中最为怪异的内容。

（五）传统中桃树的树枝具有祛妖邪功效，因此在整个蚕事活动中，都用桃枝辟邪祛祟。

（六）蚕农认为蚕为忧虫，容易遭灾患病，一旦瘟疫蔓延，桑蚕很快全部死亡，给养蚕人带来经济灾难。传说致蚕生病的魔怪蚕祟叫“青娘”，它躲在螺蛳壳内，因此每年清明家家吃螺蛳，要用针挑，叫作“挑青”，把吃剩的空壳放在屋面上，使蚕祟无处躲藏（这种吃螺蛳的习俗也是旧时导致江南水乡地区血吸虫病高发的重要原因之一）。

蚕猫

每年桑蚕出生之前，蚕室都打扫干净，堵好鼠洞，然后做的第一件事就是“请蚕猫”。蚕户喜欢到庙会上去请蚕猫，认为庙会上的蚕猫受神感应，更灵验，不仅能驱鼠，还能辟许多恶气。泥塑彩绘的蚕猫放在墙角僻静处，纸印的五色蚕猫除贴在墙上，还糊在蚕匾底下。江苏南部地区蚕农在蚕房中还张贴“蚕猫”纸像，用以驱鼠避害。

【附】江苏盛泽的先蚕祠

任何一种民间祭祀行为，都有可能随着年代的变化而发生演变。清代至民国，是江南地区的浙西、苏南桑蚕产区先蚕之神或曰蚕神祭祀最为兴盛时期。1949 年始，随着新中国成立、国家工业化进程的加快，众多传统手工业生产逐渐被先进的机器生产代替，工艺和效率得到根本改善与大幅提高。在国家工业化大潮下，桑蚕业也不例外。在科学养殖思想指导下，一切以科学为前导，使古老的产业焕发了青春。科学知识的普及，使旧时人们的非科学传统理念得到更新，人们的认识改变了，作为传统认识产物的蚕神崇拜逐渐为人们抛弃，祭祀文化的物质载体——蚕神庙、蚕神祠、蚕神宫等，完成了历史使命，也就失去了存在价值。渐渐地，那些原来为人们带来过欢乐的民间祭祀活动，成为陌生的名词，活动场所成为被遗忘之地，因为不再发挥现实的作用，被陆续拆除掉，成为无人再想的碎砖烂瓦。

盛泽先蚕祠

盛泽先蚕祠中的蚕皇殿（一）

盛泽先蚕祠中的蚕皇殿（二）

但当我们回忆起以往的岁月，

盛泽先蚕祠中的蚕皇殿抱柱联一

盛泽先蚕祠中的蚕皇殿抱柱联二

总有一种机器时代不能给予的温馨，我们陡然感到，其实依靠人们勤劳双手千百年来创造出的文明，早已融入我们的血脉，早已浸透我们的心灵，那就是劳动带来的人与人之间的和谐交流，那种充满朴素和善良的美好与欢乐。

于是，当温饱不再成为问题的时候，大家重又想起那些被遗忘的记忆，那些被遗忘的民俗。蚕神崇拜，这种寄托人们美好愿望的淳朴民俗，又渐渐回到人们的视线。

经过十年动乱的狂风暴雨，古老民俗的活动场所被横扫殆尽，只有江苏吴江的盛泽先蚕祠逃过劫难，成为江南仅存的先蚕祭祀之庙。

盛泽先蚕祠，当地又俗称蚕皇殿、蚕花殿，建于清道光七年（1827年），由当地丝业公所出资兴建，兼作为公所办公之处。1995年，成为江苏省省级文物保护单位，是我国现存最大的地方祭祀先蚕之神的祠庙。1999年，经重修后对社会开放。

重修后的先蚕祠占地约五亩，为江南常见的庙堂式建筑。前为砖雕门楼，三座拱门雁序排列，拱门中间上悬“先蚕祠”竖匾，左右分别书写“织云”“绣锦”。门前朱漆木栅为栏，左右石柱上有蹲狮相望。进入门楼，仰视中央藻井，有吐水之状龙头，左右为八卦藻井，显示蕴含了与农业相关的水利、天象、节气等自然因素。

祠内塑有黄帝轩辕氏、炎帝神农氏、西陵氏嫘祖三座金身神像，仪态庄严肃穆。祠内高悬“人文始祖”之匾，两侧抱柱联分别写有：先蚕遗泽抽丝剥茧扬盛湖风范，后叶沐思绣锦织云擅吴越声名。正对主殿的是两层楼的西楼，悬有“普天同庆”“歌舞升平”匾，主殿与戏楼之间是石板广场，可容纳万人站立观戏之用。

当地有在先蚕祠上演小满节气之戏的习俗，以为庆贺蚕神生日。盛泽先蚕祠的小满戏闻名遐迩，据说当年观戏之人人山人海，热闹非凡。

先蚕庙里剧登场，男释耕耘女罢桑。

只为今朝逢小满，万人空巷斗新装。

——沈云：《盛湖竹枝词》

2007年，盛泽小满戏由吴江市人民政府公布为首批非物质文化遗产。

【附】清代浙江杭嘉湖方志中的先蚕祠记载

一、《杭州府志·卷九·祠祀》

府城内外

轩辕黄帝庙：在城东北隅。初褚河南裔孙载得机杼之巧，于广陵归教其里中，于是杭州之机杼甲天下。宋至道元年始于杭置织物，至今弗改。杭人立祠祀之，又推原其始为机杼者立机神庙祀黄帝臣伯余。庙建自雍正中，增拓旧制，后日久积隊，里人鸠葺甫成，旋毁于火，重加兴建，肇功于乾隆三十九年（1774年）十月，次年九月落成。咸丰十一年（1861年）毁于乱，同治间重建。

先蚕庙：在轩辕黄帝庙内。

余杭县

先蚕祠：在县治东北二里。乾隆五十九年（1794年）知县程泽兰奉文创建，嘉庆十二年（1807年）知县张吉安重修。

於潜县

先蚕祠：在南阳山外附城隍庙后殿。嘉庆六年（1801年）奉文立祠致祭。嘉庆十年（1805年），知县蒋光弼创建。咸丰十一年（1861年）毁，今仍附城隍庙左。

新城县

先蚕祠：在小东门外，乾隆五十九年（1794年）奉文建。

二、《嘉兴府志·卷十·坛庙一》

蚕神庙：嘉兴、秀水二县附府合祭，在西门外茶禅寺，国朝乾隆五十九年（1794年）知府邢玙奉文建立。先是奉上谕吉庆奏：浙省乡民饲蚕每年在轩辕黄帝庙后殿祈祀。蚕神向不官为致祭，蚕桑本与稼穑并重，浙省杭嘉湖三府尤比户饲蚕，以资生业，允以恭祀。先蚕聿祟昭报，着每年官为致祭，载入该省祀典，并御书匾额发往悬挂轩辕黄帝庙及先蚕后殿，以祈神贶，钦此。六月奉到，御书匾额轩辕黄帝庙曰：利用宜民。先蚕庙曰：衣被功神。每岁春秋二祭，祀以少牢，春季以季春吉巳，秋祭以九月十六日，其仪品如先农坛之例，并祀轩辕黄帝。庙中设木主二，一轩辕黄帝位，一司蚕之神位。庙东隅设马头娘像，西隅设大姑、二姑、三姑像，皆附列焉。咸丰间庙毁，暂祀于觉海寺中。

嘉善县：先蚕庙，位于北关柳州亭之环碧堂。乾隆五十九年（1794年）奉文建，久圮，今在城内道院致祭。

三、《嘉兴府志·卷十一·坛庙二》

海盐县：先蚕庙，在杨桥东南。乾隆五十九年（1794年）奉文创建，今毁。

四、《湖州府志·卷四十·经政略·祀典》

乌程、归安二县附郭

先蚕庙，在府城西北隅济川铺。国朝乾隆五十九年（1794年）奉文建立，咸丰元年（1851年）郡人杨升等倡修。

长兴县

先蚕祠在子山下荐春台右。国朝雍正十二年（1734年）知县鲍珍建，同治六年（1867年）移建邑东三官殿旧址。

德清县

先蚕祠在东门外迎春庙内。乾隆四十八年（1783年）知县什勒尚修，乾隆五十九年（1794年）钦奉谕旨载入祀典。

附录一　明清北京先蚕之祀大事记

年号	公元纪年	历史事件	备注
嘉靖九年	1530年	二月，癸亥。工部上先蚕坛图式，上亲定：其制，先蚕坛方可二丈六尺，垒二级，高二尺六寸，升四出，东、西、北俱树以桑柘……以掌礼房为蚕宫令署。采桑台高一尺四寸，方一丈四尺。銮驾库五间，后墙方，其制内苑。止盖织堂，墙围方八十丈，余俱如图注。已而，钦天监以年神不利兴作。礼部言：周制，季春吉巳王后享先蚕，则必择日，可知矣。既有窒碍，请俟明年，其躬桑治茧之事可于宫中行之。上曰：朕已告闻，祖考不敢中止已。礼部请暂用苇席竹木为之。上曰：所构席屋甚多，不无糜费，其酌处财力量建一二。工部乃请止先蚕、采桑二坛，并具服殿及诸蚕室数十楹，余皆罢之。报可。 庚午。礼部奏皇后亲蚕仪。 庚辰。诏：置桑园于新筑坛、殿、蚕室余地。令所司亟植桑柘，以备取用。	《明实录·世宗实录》卷一百十
		三月，始立先蚕氏之祭。岁春择日皇后祭，用少牢、礼三献、乐六奏。……公主、内外命妇陪祀。	《国朝典汇》卷十八
		三月，癸巳。工部请造先蚕坛执事举麾女官冠服。上以女官俱有常用冠服，命于来年议造。 丙申。礼部言：亲蚕之礼初于创见一时，命妇仓卒入坛，恐致愆度。请以所绘采桑图授之，俾各如式演习。至于北郊坛殿，原图外命妇房在内随侍房北，以有内壝隔别故也。今既省去内壝，当即改外命妇房为内随侍房，仍请定名采桑之所。上因名其所为采桑台，余皆如义。 癸卯。詹事霍韬致书礼部尚书李时白，其与夏言论郊祀亲蚕事时，亦以其书封进得旨，令都察院并讯以闻。 丁巳。皇后行亲蚕礼于北郊，祭先蚕氏。	《明实录·世宗实录》卷一百十一
		四月，丁亥。礼部以蚕事告成，请行治茧礼。令蚕宫令于蚕妇中，选能缫丝及能织者各十人；钦天监预定缫丝吉日。先期，蚕宫令送织妇入织堂，应用缫丝及织造器具工部造用。至期，皇后出宫，警跸、侍从如常仪，至织堂，命内命妇一人行三盆手礼。礼毕，遂布于织妇以终其事。其所缫完蚕丝就，令织妇于织堂量织堪用绢币。完日，蚕宫令径送尚衣、织染等监局具奏，制造祭服诏如议，仍命查犒赏蚕妇例以闻。	《明实录·世宗实录》卷一百十二

年号	公元纪年	历史事件	备注
嘉靖十年	1531 年	四月，皇后行亲蚕礼于西苑。……止筵宴、用勿前导……赐蚕母王氏等二十七人各布一匹。	《国朝典汇》卷十八
雍正十三年	1735 年	四月，己亥。礼部议覆。河东总督王士俊奏请奉祠先蚕。……周制蚕于北郊，其坛应设于北郊。祭日用季春吉巳。一切坛制祭品，俱视先农典礼。京师为首善之地，应于北郊建坛奉祀。届期，派礼部堂官一员承祭。通行直省各府州县，一体遵行。从之。	《清实录·世宗实录》卷一百五十五
乾隆元年	1736 年	春正月。癸卯。直隶总督李卫疏请出蚕省分，建立先蚕坛。总理事务王大臣议覆，为坛以祀先蚕，经传未闻，未便各省城通立。应于京师建祠奉祀，至期，遣礼部堂官一员承祭。从之。	《清实录·高宗实录》卷十
乾隆三年	1738 年	三月，丁巳。遣官祭先蚕之神。	《清实录·高宗实录》卷六十四
乾隆四年	1739 年	三月，丁巳。遣官祭先蚕之神。	《清实录·高宗实录》卷八十八
乾隆五年	1740 年	三月，乙巳。遣官祭先蚕之神。	《清实录·高宗实录》卷一百十二
乾隆六年	1741 年	三月，己巳。遣官祭先蚕之神。	《清实录·高宗实录》卷一百三十八
		十二月，乙巳。礼部太常寺等议覆：顺天府府尹蒋炳奏称，坛庙所设各役，例于顺天府所属州县，佥派殷实农民送太常寺应役，一年一换。今天坛等坛户、庙户、牺牲所夫、库夫等役共二百零六名。礼部议准内阁学士兼太常寺行走雅尔呼达原奏，令太常寺于京城之内召募。经太常寺及大、宛两县召募半年，俱各乏人，请仍由各州县召募申送。礼部议给坛户工食每名月支银三钱九分，实不敷用。各坛庙户、所设人数多可酌减，请查议核裁、即将所减银两、量增应役人等，等语。查关帝庙庙户五名。先蚕祠庙户二名。牺牲所所夫二十七名，毋庸裁减。……以上共裁五十六名。实留坛庙户一百十九名、库夫四名、所夫二十七名。即将所给工食银两。增给应役人等，每名每月计给工食银五钱三分，仍令顺天府所属州县召募申送应役。……永著为例。从之。	《清实录·高宗实录》卷一百五十六

年号	公元纪年	历史事件	备注
乾隆七年	1742 年	三月，己巳。遣官祭先蚕之神。	《清实录·高宗实录》卷一百六十二
		八月，辛卯。定亲蚕典礼。	《清实录·高宗实录》卷一百七十二
乾隆八年	1743 年	三月，丁巳。遣官祭先蚕之神。	《清实录·高宗实录》卷一百八十六
乾隆九年	1744 年	三月，吉巳。皇后亲享先蚕坛，翼日行躬桑之礼。	《清朝文献通考·郊社十二》卷卷一百二
		四月，戊申朔。以始建先蚕坛告成，议叙总理监修海望等加级纪录有差。	《清实录·高宗实录》卷二百十四
乾隆十一年	1746 年	正月，庚午。钦定祭祀中和乐章名。……先蚕坛乐：迎神，庥平。奠帛、初献，承平。亚献，均平。终献，齐平。彻馔，柔平。送神，洽平。	《清实录·高宗实录》卷二百五十六
		二月，辛亥。又谕：皇后亲蚕典礼，于不行亲祭之年，经该部议，照旧例遣太常寺堂官致祭。朕思从前建立蚕祠，未议皇后亲蚕之礼，是以照祭祀例遣官。今既举行皇后亲蚕典礼，若遇不行亲祭之年，自应遣妃内一人恭代致祭西陵氏之神，以昭诚敬为是，所有行礼位次及一切仪注应如何酌定之处，著大学士会同各该衙门妥议具奏。寻奏，皇后不行亲蚕之年，既遣妃恭代行礼。应令礼部届期照例两请具题。其致祭前期斋戒二日，不进铜人。行礼位次应照先农坛遣官恭代之例，设拜位于坛阶下正中，不设幄次。升坛由西阶登降。除仍用先蚕坛乐章、不饮福受胙外，一切赞引、导引、拜跪、奠献、仪注，俱照遣官例行。再遣妃恭代行礼，应令文武大臣命妇照例陪祀。其需用执事女官及所用祭品，由各该衙门豫备。养蚕，交奉宸苑蚕宫令、丞率蚕母、蚕妇饲养。所得丝觔数，仍照例呈报内务府具题。从之。	《清实录·高宗实录》卷二百五十八
		二月，辛酉。是日。祭先蚕之神，遣妃恭代皇后行礼。	《清实录·高宗实录》卷二百五十九

年号	公元纪年	历史事件	备注
乾隆十二年	1747 年	三月，癸巳。是日，祭先蚕之神，皇后亲诣行礼。	《清实录·高宗实录》卷二百八十六
乾隆十三年	1748 年	正月，丁亥。定祀典祭器。……日、月、先农、先蚕各坛之爵，社稷、日、月、先农、先蚕豆、登、簠、簋、铏、尊，均用陶。	《清实录·高宗实录》卷三百六
		四月，戊午。谕礼：后躬桑以供祭服。乾隆九年。先蚕坛成。皇后率妃嫔暨诸命妇行亲蚕礼，求桑献茧，效绩公宫。数年来新丝告登，命官染织御衣，以朝以祭，此皆其所供也。章采犹新。袆褕遽渺，继自今缫盆余缕，安可复得耶。爰命藏诸文笥传示永久，以志遗徽。世世子孙，其保守之。钦哉。	《清实录·高宗实录》卷三百十二
乾隆十四年	1749 年	二月，己卯朔。定派官致祭先蚕例。谕曰：皇后亲蚕典礼，经朕降旨，若遇不行亲蚕之年，遣妃内一人恭代。前因内阁、礼部会议册立皇贵妃礼仪一疏。复经降旨，册封典礼于本年三月后举行。其亲蚕礼，俟正位中宫后，该部照例奏请。今据礼部奏称，本年三月内先蚕祭期，请照例遣妃致祭。此于礼意未协。夫妃所恭代者，代皇后也。有皇后则妃可承命行事。皇贵妃未经正位中宫，则亲蚕之礼尚不当举行，何得遣妃恭代？应照皇帝不亲行耕耤顺天府尹致祭先农之例，于内务府总管或礼部太常寺堂官、奉宸院卿内，酌派一人致祭，方足以明等威而昭仪制。该部即遵谕行。将此载入会典。	《清实录·高宗实录》卷三百三十四
		三月，丁巳。遣官祭先蚕之神。	《清实录·高宗实录》卷三百三十六
乾隆十五年	1750 年	三月，丁巳。遣官祭先蚕之神。	《清实录·高宗实录》卷三百六十
乾隆十六年	1751 年	三月，丁巳。遣官祭先蚕之神。	《清实录·高宗实录》卷三百八十五
乾隆十七年	1752 年	三月，己巳。遣官祭先蚕之神。	《清实录·高宗实录》卷四百十

年号	公元纪年	历史事件	备注
乾隆十八年	1753年	三月，己巳。遣官祭先蚕之神。	《清实录·高宗实录》卷四百三十四
乾隆十九年	1754年	三月，己巳。祭先蚕之神，皇后亲诣行礼。	《清实录·高宗实录》卷四百五十九
乾隆二十年	1755年	三月，辛巳。遣官祭先蚕之神。	《清实录·高宗实录》卷四百八十四
乾隆二十一年	1756年	三月，辛巳。遣官祭先蚕之神。	《清实录·高宗实录》卷五百八
乾隆二十二年	1757年	三月，癸巳。祭先蚕之神，遣妃恭代皇后行礼。	《清实录·高宗实录》卷五百三十四
乾隆二十三年	1758年	三月，癸巳。祭先蚕之神，皇后亲诣行礼。	《清实录·高宗实录》卷五百五十八
乾隆二十四年	1759年	三月，辛巳朔。祭先蚕之神，皇后亲诣行礼。	《清实录·高宗实录》卷五百八十二
乾隆二十五年	1760年	三月，丁巳。祭先蚕之神，皇后亲诣行礼。	《清实录·高宗实录》卷六百八
乾隆二十六年	1761年	三月，乙巳。祭先蚕之神，遣妃恭代皇后行礼。	《清实录·高宗实录》卷六百三十二
乾隆二十七年	1762年	三月，丁巳。祭先蚕之神，遣妃恭代皇后行礼。	《清实录·高宗实录》卷六百五十七
乾隆二十八年	1763年	三月，己巳。祭先蚕之神，皇后亲诣行礼。	《清实录·高宗实录》卷六百八十二
乾隆二十九年	1764年	三月，丁巳。祭先蚕之神，皇后亲诣行礼。	《清实录·高宗实录》卷七百六

年号	公元纪年	历史事件	备注
乾隆三十年	1765年	三月，辛巳。祭先蚕之神，遣妃恭代皇后行礼。	《清实录·高宗实录》卷七百三十二
		三月，壬午。临视织造机房。	
乾隆三十一年	1766年	三月，辛巳。祭先蚕之神，遣妃恭代皇后行礼。	《清实录·高宗实录》卷七百五十六
乾隆三十二年	1767年	三月，己巳。祭先蚕之神，遣妃行礼。	《清实录·高宗实录》卷七百八十
乾隆三十三年	1768年	三月，癸巳。祭先蚕之神，遣妃行礼。	《清实录·高宗实录》卷八百六
乾隆三十四年	1769年	三月，癸巳。祭先蚕之神，遣妃行礼。	《清实录·高宗实录》卷八百三十
乾隆三十五年	1770年	三月，辛巳。祭先蚕之神，遣妃行礼。	《清实录·高宗实录》卷八百五十四
乾隆三十六年	1771年	三月，丁巳。祭先蚕之神，遣妃行礼。	《清实录·高宗实录》卷八百八十一
乾隆三十七年	1772年	三月，丁巳。祭先蚕之神，遣妃行礼。	《清实录·高宗实录》卷九百五
乾隆三十八年	1773年	三月，丁巳。祭先蚕之神，遣妃行礼。	《清实录·高宗实录》卷九百二十九
乾隆三十九年	1774年	三月，丁巳。祭先蚕之神，遣妃行礼。	《清实录·高宗实录》卷九百五十四
乾隆四十年	1775年	三月，丁巳。祭先蚕之神，遣妃行礼。	《清实录·高宗实录》卷九百七十八
乾隆四十一年	1776年	二月，己巳。祭先蚕之神，遣妃行礼。	《清实录·高宗实录》卷一千三

年号	公元纪年	历史事件	备注
乾隆四十二年	1777年	三月，己巳。祭先蚕之神，遣怡亲王福晋行礼。	《清实录·高宗实录》卷一千二十八
乾隆四十三年	1778年	三月，祭先蚕之神。遣妃行礼。	《清实录·高宗实录》卷一千五十二
乾隆四十四年	1779年	三月，乙巳。祭先蚕之神，遣妃行礼。	《清实录·高宗实录》卷一千七十九
乾隆四十五年	1780年	三月，甲申。祭先蚕之神，遣妃行礼。	《清实录·高宗实录》卷一千一百二
乾隆四十六年	1781年	三月，甲戌朔。祭先蚕之神，遣妃行礼。	《清实录·高宗实录》卷一百二十六
乾隆四十七年	1782年	壬寅，三月，乙巳。祭先蚕之神，遣妃行礼。	《清实录·高宗实录》卷一百五十二
乾隆四十八年	1783年	三月，癸巳。祭先蚕之神，遣妃行礼。	《清实录·高宗实录》卷一千一百七十六
乾隆四十九年	1784年	三月，癸巳。祭先蚕之神，遣妃行礼。	《清实录·高宗实录》卷一千二百
乾隆五十年	1785年	三月，丁巳。祭先蚕之神，遣妃行礼。	《清实录·高宗实录》卷一千二百二十六
乾隆五十一年	1786年	三月，丁巳。祭先蚕之神，遣妃行礼。	《清实录·高宗实录》卷一千二百五十
乾隆五十二年	1787年	三月，辛巳。祭先蚕之神，遣妃行礼。	《清实录·高宗实录》卷一千二百七十六
乾隆五十三年	1788年	三月，乙亥。祭先蚕之神，遣妃行礼。	《清实录·高宗实录》卷一千三百

年号	公元纪年	历史事件	备注
乾隆五十四年	1789 年	三月，己巳。祭先蚕之神，遣妃行礼。	《清实录·高宗实录》卷一千三百二十四
乾隆五十五年	1790 年	三月，癸巳。祭先蚕之神，遣妃行礼。	《清实录·高宗实录》卷一千三百五十
乾隆五十六年	1791 年	三月，辛巳。祭先蚕之神，遣妃行礼。	《清实录·高宗实录》卷一千三百七十四
乾隆五十七年	1792 年	二月，己巳。祭先蚕之神，遣妃行礼。	《清实录·高宗实录》卷一千三百九十七
乾隆五十八年	1793 年	三月，乙巳。祭先蚕之神，遣妃行礼。	《清实录·高宗实录》卷一千四百二十四
乾隆五十九年	1794 年	三月，癸巳。祭先蚕之神，遣妃行礼。	《清实录·高宗实录》卷一千四百四十八
		五月。庚寅。谕曰：吉庆奏，浙省乡民饲蚕，每年在轩辕黄帝庙祈祀蚕神。向不官为致祭，随安设神牌，于后殿率属致祭，三月下旬，天气晴和、蚕桑茂育等语。蚕桑本与稼穑并重。浙省杭、嘉、湖三府，尤比户饲蚕，以资生业，允宜恭祀先蚕。聿崇昭报。著每年官为致祭，载入该省祀典，并御书扁额，发往悬挂轩辕黄帝庙及先蚕后殿，以祈神贶。御书轩辕黄帝庙扁曰“利用宜民”，蚕神庙扁曰“衣被功神”。	《清实录·高宗实录》卷一千四百五十二
乾隆六十年	1795 年	三月，丁巳。祭先蚕之神，遣妃行礼。	《清实录·高宗实录》卷一千四百七十四
嘉庆元年	1796 年	三月，己巳。祭先蚕之神，皇后亲诣行礼。	《清实录·仁宗实录》卷三

年号	公元纪年	历史事件	备注
嘉庆二年	1797年	三月，丁巳。祭先蚕之神，遣妃恭代行礼。	《清实录·仁宗实录》卷十五
嘉庆三年	1798年	三月，辛巳。祭先蚕之神，遣妃恭代行礼。	《清实录·仁宗实录》卷二十八
嘉庆四年	1799年	三月，辛巳。祭先蚕之神，遣王福晋行礼。	《清实录·仁宗实录》卷四十一
嘉庆五年	1800年	三月，己巳。祭先蚕之神，遣妃行礼。	《清实录·仁宗实录》卷六十二
嘉庆六年	1801年	三月，辛巳。祭先蚕之神，遣妃行礼。	《清实录·仁宗实录》卷八十
嘉庆七年	1802年	二月，己巳。祭先蚕之神，皇后亲诣行礼。	《清实录·仁宗实录》卷九十四
嘉庆八年	1803年	闰二月，辛巳。祭先蚕之神，皇后亲诣行礼。	《清实录·仁宗实录》卷一百九
嘉庆九年	1804年	三月，癸巳。祭先蚕之神，遣妃恭代行礼。	《清实录·仁宗实录》卷一百二十七
嘉庆十年	1805年	三月，癸巳。祭先蚕之神，遣妃恭代行礼。	《清实录·仁宗实录》卷一百四十一
嘉庆十一年	1806年	三月，丁巳。祭先蚕之神，皇后亲诣行礼。	《清实录·仁宗实录》卷一百五十八
嘉庆十二年	1807年	三月，乙巳。祭先蚕之神，皇后亲诣行礼。	《清实录·仁宗实录》卷一百七十六
嘉庆十三年	1808年	三月，乙巳。祭先蚕之神，皇后亲诣行礼。	《清实录·仁宗实录》卷一百九十三

年号	公元纪年	历史事件	备注
嘉庆十四年	1809年	三月，己巳。祭先蚕之神，遣妃恭代行礼。	《清实录·仁宗实录》卷二百八
嘉庆十五年	1810年	三月，己巳。祭先蚕之神，皇后亲诣行礼。	《清实录·仁宗实录》卷二百二十七
嘉庆十六年	1811年	三月，丁巳。祭先蚕之神。皇后亲诣行礼。 甲寅，谕内阁：内务府奏开列恭从采桑福晋命妇清单。奏请钦点一摺。每年皇后亲蚕，以福晋命妇七人随从采桑，系属大典。乃近年来开列单内，除近支福晋外，大率系皇后姻亲，意欲藉此请安，所以年年开送，其余多托故不与。此次开列单内仅止九人，其中大臣命妇则止有二人，自系各该大臣等不令其妻恭与典礼，是以托故不行开送。似此积渐因循，必致开列人数不敷点派，成何事体！此次姑就单内圈出七人，以备典礼。嗣后各该大臣命妇除实系有故、照例声明免其开送外，余俱著一并开列。如仍前托故规避致人数短少，著内务府查明无故不到者，将该命妇之夫参处。	《清实录·仁宗实录》卷二百四十
嘉庆十七年	1812年	三月，祭先蚕之神。皇后亲诣行礼。	《清实录·仁宗实录》卷二百五十五
嘉庆十八年	1813年	三月，辛巳。祭先蚕之神，皇后亲诣行礼。	《清实录·仁宗实录》卷二百六十七
嘉庆十九年	1814年	三月，癸巳。祭先蚕之神，皇后亲诣行礼。	《清实录·仁宗实录》卷二百八十七
嘉庆二十年	1815年	三月，癸巳。祭先蚕之神，皇后亲诣行礼。	《清实录·仁宗实录》卷三百四
嘉庆二十一年	1816年	三月，辛巳朔。祭先蚕之神，皇后亲诣行礼。	《清实录·仁宗实录》卷三百十七
嘉庆二十二年	1817年	二月，癸巳。祭先蚕之神，皇后亲诣行礼。	《清实录·仁宗实录》卷三百二十七

年号	公元纪年	历史事件	备注
嘉庆二十三年	1818年	三月，乙巳。祭先蚕之神，皇后亲诣行礼。	《清实录·仁宗实录》卷三百四十
嘉庆二十四年	1819年	三月，癸巳朔。祭先蚕之神，遣妃恭代行礼。	《清实录·仁宗实录》卷三百五十五
嘉庆二十五年	1820年	三月，己巳。祭先蚕之神，遣妃恭代行礼。	《清实录·仁宗实录》卷三百六十八
道光元年	1821年	三月，丁巳。祭先蚕之神，遣王福晋行礼。	《清实录·宣宗实录》卷十四
道光二年	1822年	三月，丁巳。祭先蚕之神，遣王福晋行礼。	《清实录·宣宗实录》卷三十一
道光三年	1823年	三月，辛巳。祭先蚕之神，皇后亲诣行礼。	《清实录·宣宗实录》卷五十
道光四年	1824年	三月，己巳。祭先蚕之神，皇后亲诣行礼。	《清实录·宣宗实录》卷六十六
道光五年	1825年	三月，癸巳。祭先蚕之神，皇后亲诣行礼。	《清实录·宣宗实录》卷八十
道光六年	1826年	三月，癸巳。祭先蚕之神，皇后亲诣行礼。	《清实录·宣宗实录》卷九十六
道光七年	1827年	三月，辛巳。祭先蚕之神，皇后亲诣行礼。	《清实录·宣宗实录》卷一百十五
道光八年	1828年	三月，乙巳。祭先蚕之神，皇后亲诣行礼。	《清实录·宣宗实录》卷一百三十四

年号	公元纪年	历史事件	备注
道光九年	1829 年	二月，丙寅。谕内阁：本年致祭先蚕坛，著改于三月二十三日行礼。	《清实录·宣宗实录》卷一百五十一
		三月，丁巳。祭先蚕之神，皇后亲诣行礼。	《清实录·宣宗实录》卷一百五十四
道光十年	1830 年	三月，癸巳。祭先蚕之神，皇后亲诣行礼。	《清实录·宣宗实录》卷一百六十六
道光十一年	1831 年	三月，丁巳。祭先蚕之神，皇后亲诣行礼。	《清实录·宣宗实录》卷一百八十五
道光十二年	1832 年	三月，丁巳。祭先蚕之神，皇后亲诣行礼。	《清实录·宣宗实录》卷二百七
道光十三年	1833 年	三月，辛巳。祭先蚕之神，遣妃恭代行礼。	《清实录·宣宗实录》卷二百三十三
道光十四年	1834 年	三月，己巳。祭先蚕之神，皇贵妃亲诣行礼。	《清实录·宣宗实录》卷二百五十
道光十五年	1835 年	三月，己巳。祭先蚕之神，皇后亲诣行礼。	《清实录·宣宗实录》卷二百六十四
道光十六年	1836 年	三月，癸巳。祭先蚕之神，皇后亲诣行礼。	《清实录·宣宗实录》卷二百八十
道光十七年	1837 年	三月，癸巳。祭先蚕之神，遣妃行礼。	《清实录·宣宗实录》卷二百九十五
道光十八年	1838 年	三月，辛巳。祭先蚕之神，皇后亲诣行礼。	《清实录·宣宗实录》卷三百七
道光十九年	1839 年	三月，乙巳。祭先蚕之神，皇后亲诣行礼。	《清实录·宣宗实录》卷三百二十

年号	公元纪年	历史事件	备注
道光二十年	1840 年	三月，乙巳。遣官祭先蚕之神。	《清实录·宣宗实录》卷三百三十二
道光二十一年	1841 年	三月，乙巳。遣官祭先蚕之神。	《清实录·宣宗实录》卷三百四十九
道光二十二年	1842 年	三月，丁巳。遣官祭先蚕之神。	《清实录·宣宗实录》卷三百六十九
道光二十三年	1843 年	三月，丁巳。遣官祭先蚕之神。	《清实录·宣宗实录》卷三百九十
道光二十四年	1844 年	三月，己巳。遣官祭先蚕之神。	《清实录·宣宗实录》卷四百三
道光二十五年	1845 年	三月，己巳。遣官祭先蚕之神。	《清实录·宣宗实录》卷四百十五
道光二十六年	1846 年	三月，己巳。遣官祭先蚕之神。	《清实录·宣宗实录》卷四百二十七
道光二十七年	1847 年	三月，辛巳。遣官祭先蚕之神。	《清实录·宣宗实录》卷四百四十
道光二十八年	1848 年	三月，癸巳。遣官祭先蚕之神。	《清实录·宣宗实录》卷四百五十三
道光二十九年	1849 年	三月，辛巳。遣官祭先蚕之神。	《清实录·宣宗实录》卷四百六十五
道光三十年	1850 年	三月，癸巳。遣官祭先蚕之神。	《清实录·文宗实录》卷五
咸丰元年	1851 年	三月，癸巳。祭先蚕之神，遣内务府大臣柏葰行礼。	《清实录·文宗实录》卷二十九

年号	公元纪年	历史事件	备注
咸丰二年	1852 年	三月，祭先蚕之神。遣内务府大臣柏葰行礼。	《清实录·文宗实录》卷五十五
咸丰三年	1853 年	三月，乙巳朔。祭先蚕之神，皇后亲诣行礼。	《清实录·文宗实录》卷八十七
咸丰四年	1854 年	三月，乙巳。祭先蚕之神，皇后亲诣行礼。	《清实录·文宗实录》卷一百二十三
咸丰五年	1855 年	三月，己巳。祭先蚕之神，遣嫔行礼。	《清实录·文宗实录》卷一百六十一
咸丰六年	1856 年	三月，己巳。祭先蚕之神，皇后亲诣行礼。	《清实录·文宗实录》卷一百九十三
咸丰七年	1857 年	三月，己巳。祭先蚕之神，皇后亲诣行礼。	《清实录·文宗实录》卷二百二十二
咸丰八年	1858 年	三月，辛巳。祭先蚕之神，皇后亲诣行礼。	《清实录·文宗实录》卷二百四十七
咸丰九年	1859 年	三月，癸巳。祭先蚕之神，遣婉嫔行礼。	《清实录·文宗实录》卷二百七十九
咸丰十年	1860 年	三月，癸巳。祭先蚕之神，皇后亲诣行礼。	《清实录·文宗实录》卷三百十一
咸丰十一年	1861 年	三月，癸巳。祭先蚕之神，遣王福晋行礼。	《清实录·文宗实录》卷三百四十五
同治元年	1862 年	三月，癸巳。祭先蚕之神，遣内务府大臣恩醇行礼。	《清实录·穆宗实录》卷二十二
同治二年	1863 年	二月，乙巳。祭先蚕之神，遣总管内务府大臣明善行礼。	《清实录·穆宗实录》卷五十九

年号	公元纪年	历史事件	备注
同治三年	1864年	三月，乙巳。祭先蚕之神，遣总管内务府大臣明善行礼。	《清实录·穆宗实录》卷九十六
同治四年	1865年	三月，乙巳。祭先蚕之神，遣总管内务府大臣明善行礼。	《清实录·穆宗实录》卷一百三十二
同治五年	1866年	三月，己巳。祭先蚕之神，遣总管内务府大臣存诚行礼。	《清实录·穆宗实录》卷一百七十一
同治六年	1867年	三月，丁巳。祭先蚕之神，遣总管内务府大臣崇纶行礼。	《清实录·穆宗实录》卷一百九十八
同治七年	1868年	三月，己巳。祭先蚕之神，遣总管内务府大臣存诚行礼。	《清实录·穆宗实录》卷二百二十七
同治八年	1869年	三月，辛巳。祭先蚕之神，遣总管内务府大臣春佑行礼。	《清实录·穆宗实录》卷二百五十四
同治九年	1870年	三月，己巳。祭先蚕之神，遣总管内务府大臣存诚行礼。	《清实录·穆宗实录》卷二百七十八
同治十年	1871年	三月，癸巳。祭先蚕之神，遣内务府大臣春佑行礼。	《清实录·穆宗实录》卷三百七
同治十一年	1872年	三月，癸巳。祭先蚕之神，遣总管内务府大臣春佑行礼。	《清实录·穆宗实录》卷三百三十
同治十二年	1873年	三月，辛巳。祭先蚕之神，遣慧妃行礼。	《清实录·穆宗实录》卷三百五十
同治十三年	1874年	三月，乙巳。祭先蚕之神，遣慧妃行礼。	《清实录·穆宗实录》卷三百六十四
光绪二年	1876年	三月，乙巳。遣官祭先蚕之神。	《清实录·德宗实录》卷二十七

年号	公元纪年	历史事件	备注
光绪十一年	1885 年	三月，乙巳。遣官祭先蚕之神。	《清实录·德宗实录》卷二百五
光绪十五年	1889 年	三月，丁巳。祭先蚕之神，皇后亲诣行亲蚕礼。	《清实录·德宗实录》卷二百六十八
光绪十六年	1890 年	三月，辛巳。皇后亲蚕，诣先蚕坛行礼。	《清实录·德宗实录》卷二百八十三
光绪十七年	1891 年	三月，己巳。皇后亲蚕，诣先蚕坛行礼。	《清实录·德宗实录》卷二百九十五
		五月，辛未。皇后亲诣先蚕坛举行献茧缫丝礼	《清实录·德宗实录》卷二百九十七
光绪十八年	1892 年	三月，己巳。皇后亲蚕，诣先蚕坛行礼。	《清实录·德宗实录》卷三百九
光绪十九年	1893 年	二月，辛巳。遣官祭先蚕之神。	《清实录·德宗实录》卷三百二十一
光绪二十一年	1895 年	三月，癸巳。祭先蚕之神，皇后亲诣行亲蚕礼。	《清实录·德宗实录》三百六十四
光绪二十三年	1897 年	三月，癸巳。遣官祭先蚕之神。	《清实录·德宗实录》卷四百二
		五月，己亥。皇后亲诣先蚕坛举行献茧缫丝礼。	《清实录·德宗实录》卷四百五
光绪二十四年	1898 年	夏四月，丁未。皇后亲蚕，诣先蚕坛，举行献茧缫丝礼。	《清实录·德宗实录》卷四百十八
光绪二十六年	1900 年	夏四月，甲午。祭先蚕之神，皇后亲诣行礼。	《清实录·德宗实录》卷四百六十二

年号	公元纪年	历史事件	备注
光绪二十八年	1902 年	夏四月，辛丑。皇后躬桑，诣先蚕坛行礼。	《清实录·德宗实录》卷四百九十八
光绪三十年	1904 年	三月，辛巳。祭先蚕之神，皇后亲诣行礼。	《清实录·德宗实录》卷五百二十八
光绪三十一年	1905 年	三月，辛巳。祭先蚕之神，皇后亲诣行礼。	《清实录·德宗实录》卷五百四十三
光绪三十二年	1906 年	三月，辛巳。祭先蚕之神，皇后亲诣行礼。	《清实录·德宗实录》卷五百五十七
光绪三十三年	1907 年	三月，癸巳。祭先蚕之神，皇后亲诣行礼。	《清实录·德宗实录》卷五百七十一
光绪三十四年	1908 年	三月，癸巳。祭先蚕之神，皇后亲诣行礼。	《清实录·德宗实录》卷五百八十八
		五月，丙申。皇后诣先蚕坛行献茧缫丝礼。	《清实录·德宗实录》卷五百九十一
宣统元年	1909 年	闰二月，乙巳。祭先蚕之神，遣内务府大臣奎俊行礼。	《宣统政纪》卷十
宣统三年	1911 年	三月，丁巳。祭先蚕之神，遣总管内务府大臣增崇行礼。	《宣统政纪》卷五十一

附录二　清代先蚕坛祭祀乐谱、采桑歌谱

（景印《文渊阁四库全书·经部·乐类·御制律吕正义后编》）

樂章

迎神奏庥平之章

軒轅御籙時　西陵位正妃

柔桑沃　載陽遲

黼黻元黄供祀事　稱繭更繅絲

龍精報貺　椒屋宗師

奠帛爵初獻奏承平之章

春隄柳綻金　倉庚有好音

衣褘翟　致精忱

后月躬應教織紝　柘館式齋心

黄流初薦　肸蠁如臨

亞獻奏均平之章

清和日正長　蠶壇水一方

紓香陌　執籧筐

桑葉陰濃風澹蕩　八育普嘉祥

玉卮再陳　降福穰穰

終獻奏齊平之章

神臯接上圜　葭蘆翠浪翻

鷺聲滑　藕花繁

天棘絲絲初引蔓　三薦潔蘋蘩

雲依寶鼎　露浥旌旛

徹饌奏柔平之章

公宫吉禮成　有齋奉豆登

僮僮被　肅肅升

廞徹無遲咸祇敬　法坎不常盈

萬方衣被　百福其朋

送神奏洽平之章

神風拂廣筵　靈香下肅然

儀不忒　禮無愆

禺馬流星相炳絢　玉蝀亘平川

彤管司職　瑞繭登編

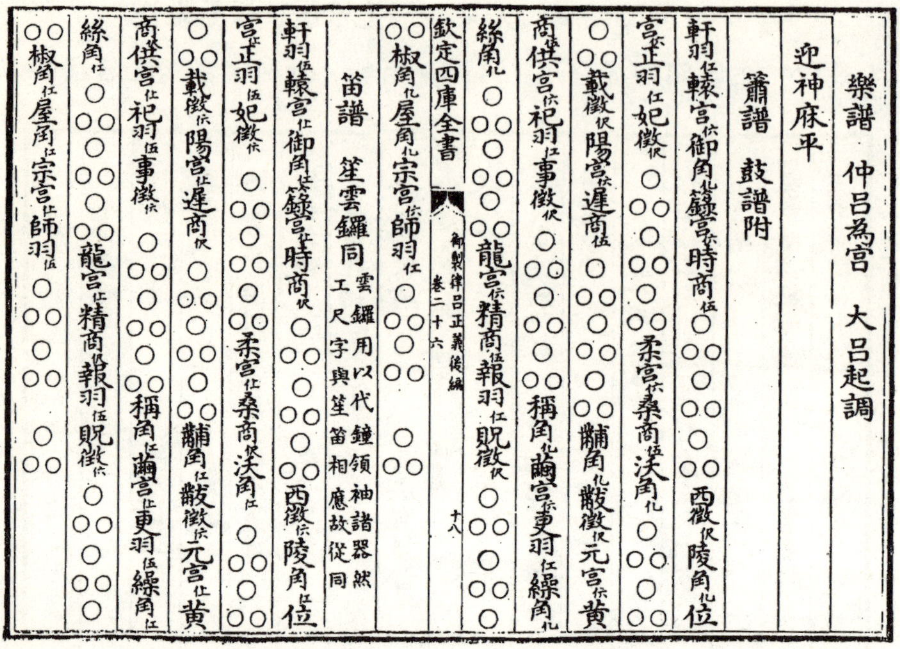
樂譜 仲呂為宮 大呂起調
迎神麻平
簫譜 鼓譜附
笛譜
笙雲鑼同
雲鑼用以代鐘領袖諸器然工尺字與笙笛相應故從同
欽定四庫全書
御製律呂正義後編
卷二十六
十八

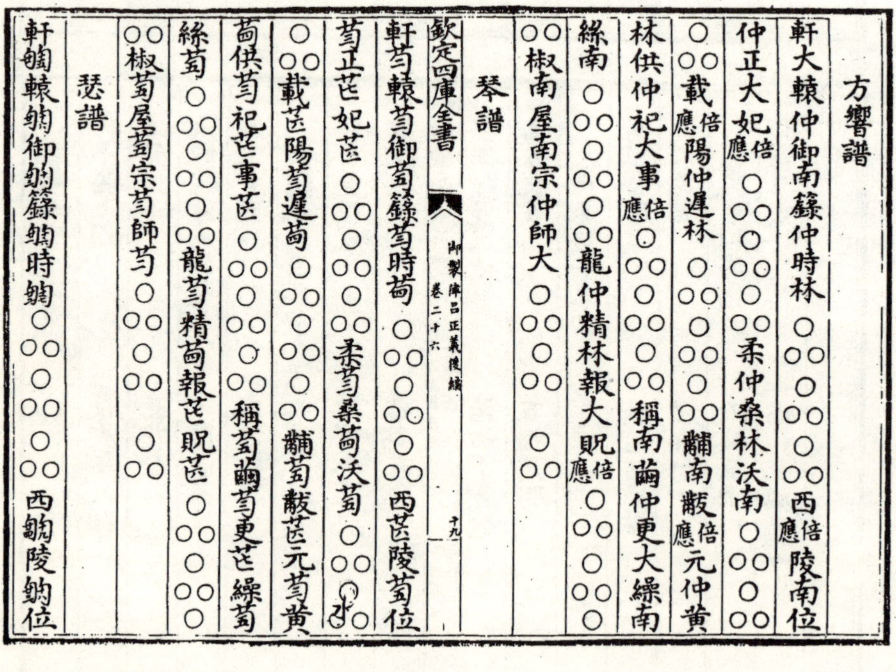
方響譜
琴譜
瑟譜
欽定四庫全書
御製律呂正義後編
卷二十六
十九

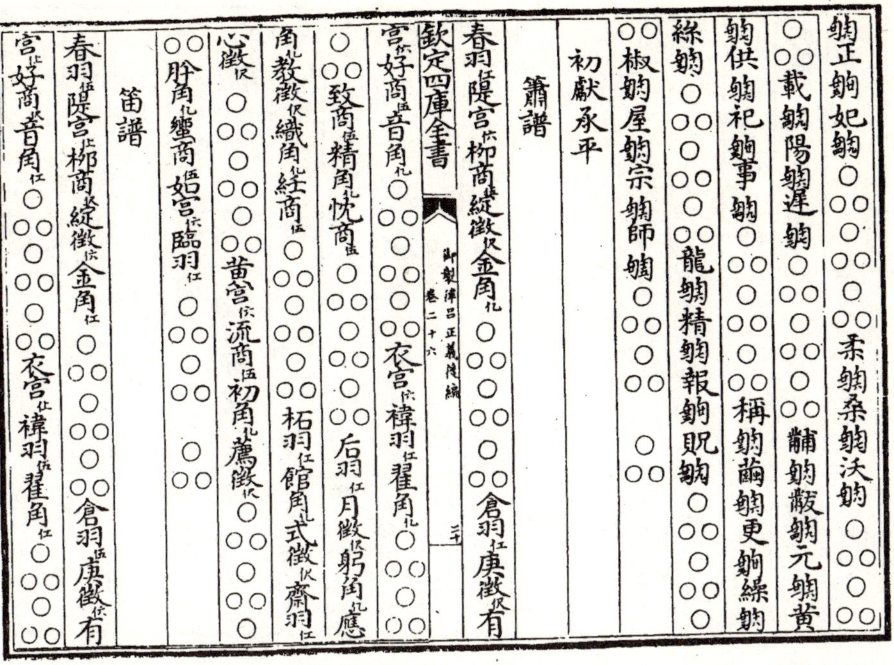
初獻承平
簫譜
欽定四庫全書
御製律呂正義後編　卷二十六
笛譜

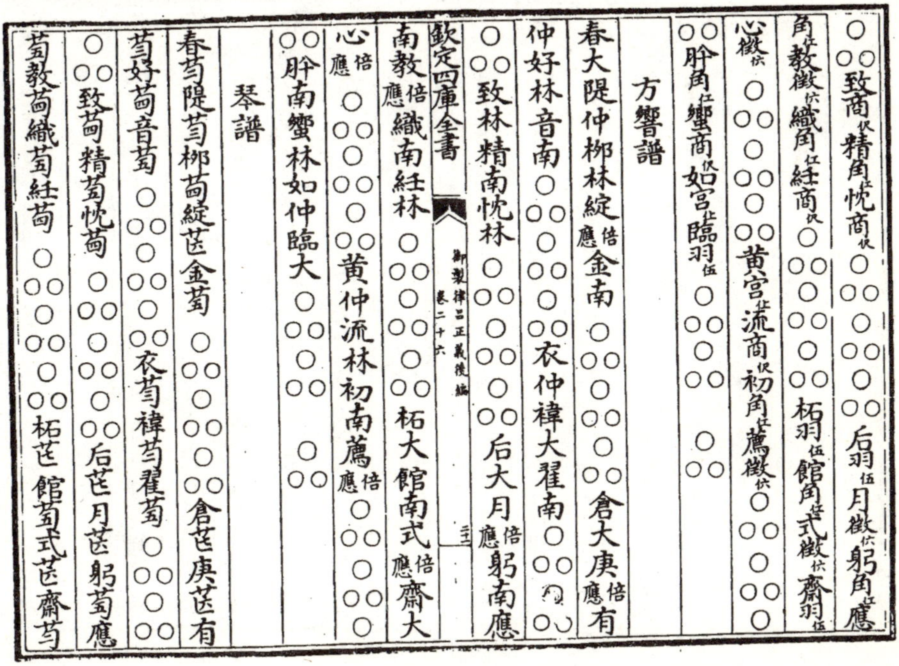
方響譜
欽定四庫全書
御製律呂正義後編　卷二十六
琴譜

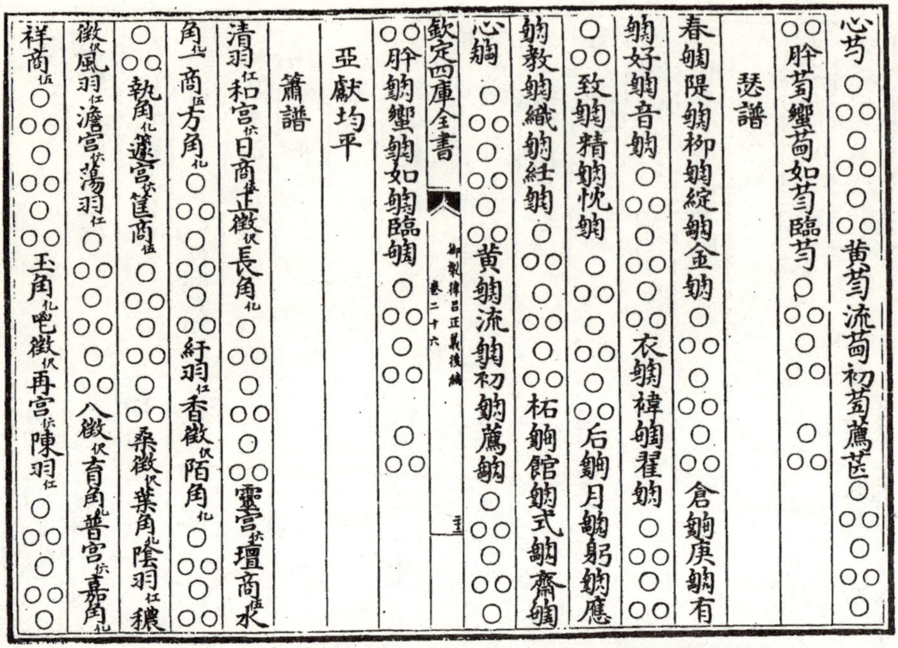
瑟譜
欽定四庫全書
御製律呂正義後編 卷二十六
亞獻均平
簫譜
清羽和宮日商正徵長角 靈宮壇商水
角一商方角 紆羽香徵陌角
執角邈宮筐商 桑徵葉角陰羽穰
徵風羽澹宮湯羽 八徵育角普宮嘉角
祥商 玉角旣徵再宮陳羽

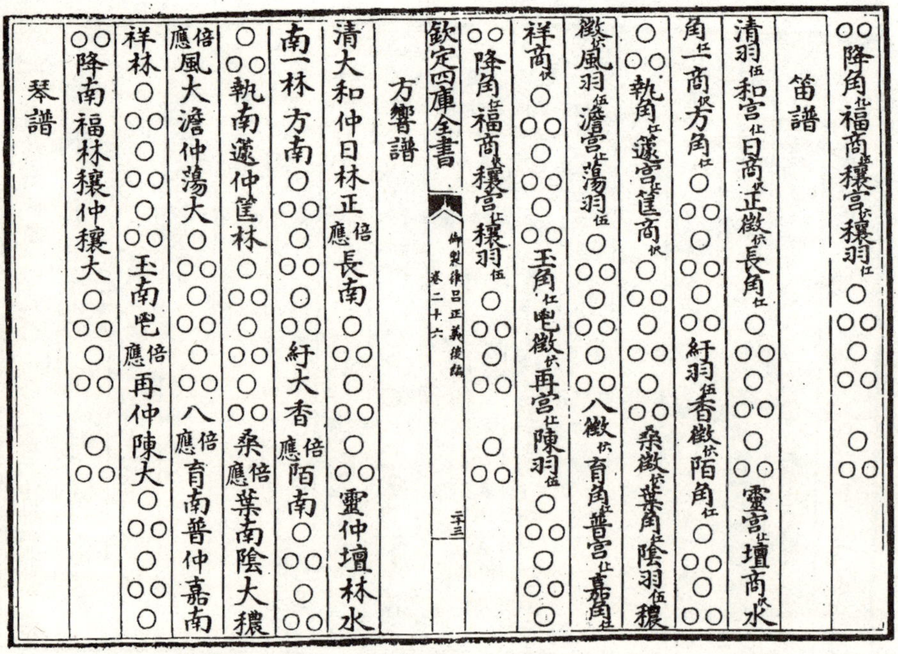
降角福商穰宮穰羽
笛譜
清羽和宮日商正徵長角 靈宮壇商水
角一商方角 紆羽香徵陌角
執角邈宮筐商 桑徵葉角陰羽穰
徵風羽澹宮湯羽 八徵育角普宮嘉角
祥商 玉角旣徵再宮陳羽
降角福商穰宮穰羽
欽定四庫全書
御製律呂正義後編 卷二十六
方響譜
清大和仲日林正倍應長南 靈仲壇林水
南一林方南 紆大香倍應陌南
執南邈仲筐林 桑倍應葉南陰大穰
倍應風大澹仲湯大 八倍應育南普仲嘉南
祥林 玉南旣倍應再仲陳大
降南福林穰仲穰大
琴譜

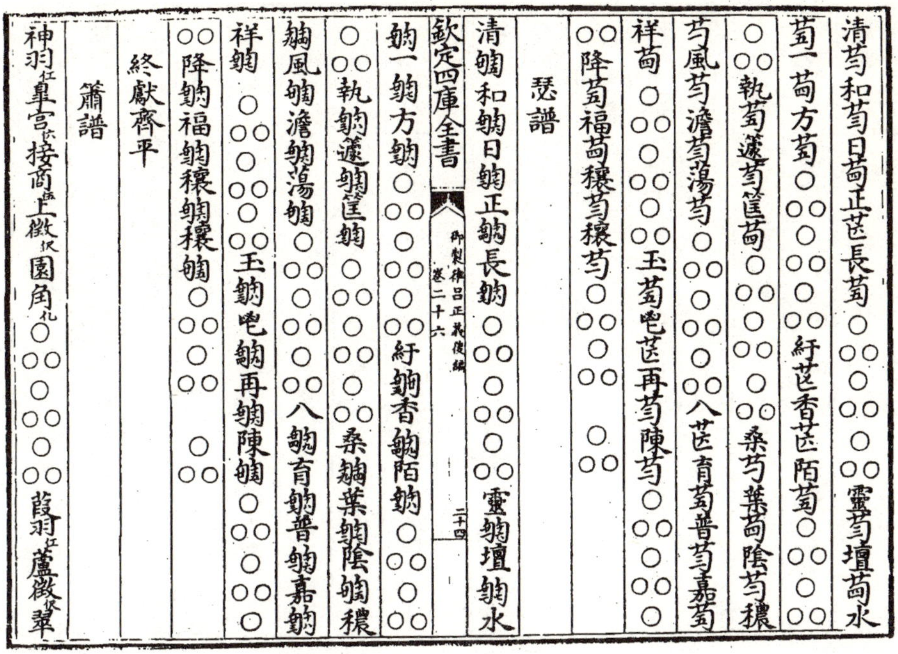
瑟譜
欽定四庫全書
御製律呂正義後編
卷二十六
二十四
終獻齊平
簫譜

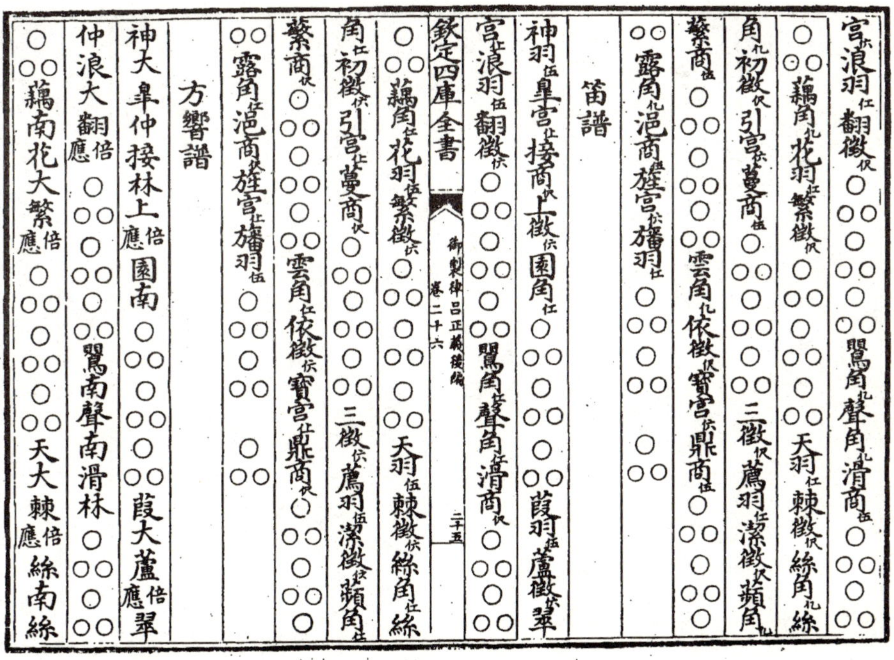
笛譜
欽定四庫全書
御製律呂正義後編
卷二十六
二十五
方響譜

南初倍應引仲蔓林 ○ ○○ ○ ○○ ○ ○○ 三倍應蕩大潔倍應蘋南
繁林 ○ ○○ ○ ○○ ○ ○○ 雲南依倍應實仲鼎林 ○ ○○ ○ ○○ ○
○○露南浥林旌仲旛大 ○ ○○ ○ ○○ ○ ○○

琴譜

神芍阜芍接芶上苊園芶 ○ ○○ ○ ○○ ○ ○○ 葭芒蘆苊翠
芍浪芒翻苊 ○ ○○ ○ ○○ ○ 鶯芶聲芶滑芶 ○ ○○ ○
○○藕芶花苊繁苊 ○ ○○ ○ ○○ ○ 天芒棘苊絲芶絲
芶初苊引芍蔓芶 ○ ○○ ○ ○○ ○ 三苊蕩芒潔苊蘋芶

欽定四庫全書　御製律呂正義後編　卷二十六　二十六

繁芶 ○ ○○ ○ ○○ ○ 雲芶依苊實芍鼎芶 ○ ○○ ○ ○○ ○
○○露芶浥芶旌芍旛芍 ○ ○○ ○ ○○ ○ ○○

瑟譜

神䌷阜䌷接䌷上䌷園䌷 ○ ○○ ○ ○○ ○ ○○ 葭䌷蘆䌷翠
䌷浪䌷翻䌷 ○ ○○ ○ ○○ ○ 鶯䌷聲䌷滑䌷 ○ ○○ ○
○○藕䌷花䌷繁䌷 ○ ○○ ○ ○○ ○ 天䌷棘䌷絲䌷絲
䌷初䌷引䌷蔓䌷 ○ ○○ ○ ○○ ○ 三䌷蕩䌷潔䌷蘋䌷
繁䌷 ○ ○○ ○ ○○ ○ ○○ 雲䌷依䌷實䌷鼎䌷 ○ ○○ ○ ○○ ○

○○露䌷浥䌷旌䌷旛䌷 ○ ○○ ○ ○○ ○ ○○

徵饌柔平

簫譜

公羽仩宮宮仜吉角㐰禮宮仜咸商伍 ○ ○○ ○ ○○ ○ ○○ 有角㐰齋徵伬奉
宮仜豆羽上登徵伬 ○ ○○ ○ ○○ ○ 僮宮仜僮商伍被徵伬
○○肅角㐰肅角㐰升商伍 ○ ○○ ○ ○○ ○ 磬羽仩徵徵伬毋宮仜遅
商伍咸角㐰祇徵伬敬羽仩 ○ ○○ ○ ○○ ○ 法徵伬坎角㐰不商伍常宮仜
盈商伍 ○ ○○ ○ ○○ ○ ○○ 萬宮仜方羽仩衣徵伬被羽仩

欽定四庫全書　御製律呂正義後編　卷二十六　二十七

○○百角㐰福商伍其宮仜朋羽仩 ○ ○○ ○ ○○ ○

笛譜

公羽伍宮宮仩吉角仩禮宮仩咸商伬 ○ ○○ ○ ○○ ○ ○○ 有角伬齋徵伬奉
宮仩豆羽伍登徵伬 ○ ○○ ○ ○○ ○ 僮宮仩僮商伬被徵伬
○○肅角仩肅角仩升商伬 ○ ○○ ○ ○○ ○ 磬羽伍徵徵伬毋宮仩遅
商伬咸角仩祇徵伬敬羽伍 ○ ○○ ○ ○○ ○ 法徵伬坎角仩不商伬常宮仩
盈商伬 ○ ○○ ○ ○○ ○ ○○ 萬宮仩方羽伍衣徵伬被羽伍
○○百角仩福商伬其宮仩朋羽伍 ○ ○○ ○ ○○ ○

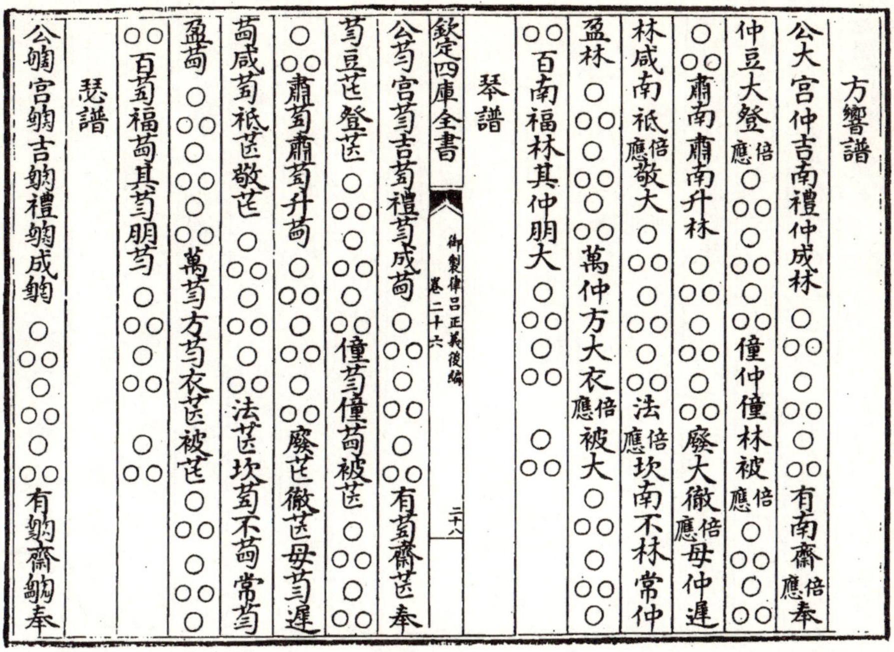
方響譜
公大宮仲吉南禮仲成林　有南齋倍應奏
仲豆大登倍應　僮仲僮林被倍應
肅南肅南升林　糜大徹倍應母仲遲
林咸南祇倍應敬大　法倍應坎南不林常仲
盈林　萬仲方大衣倍應被大
百南福林其仲朋大
琴譜
欽定四庫全書　御製律呂正義後編　卷二十六　二十八
公芍宮芍吉芍禮芍成芍　有芍齋芒奏
芍豆芒登芒　僮芍僮芍被芒
肅芍肅芍升芍　糜芒徹芒母芍遲
芍咸芍祇芒敬芒　法芒坎芍不芍常芍
盈芍　萬芍方芍衣芒被芒
百芍福芍其芍朋芍
瑟譜
公𫝀宮𫝀吉𫝀禮𫝀成𫝀　有𫝀齋𫝀奏

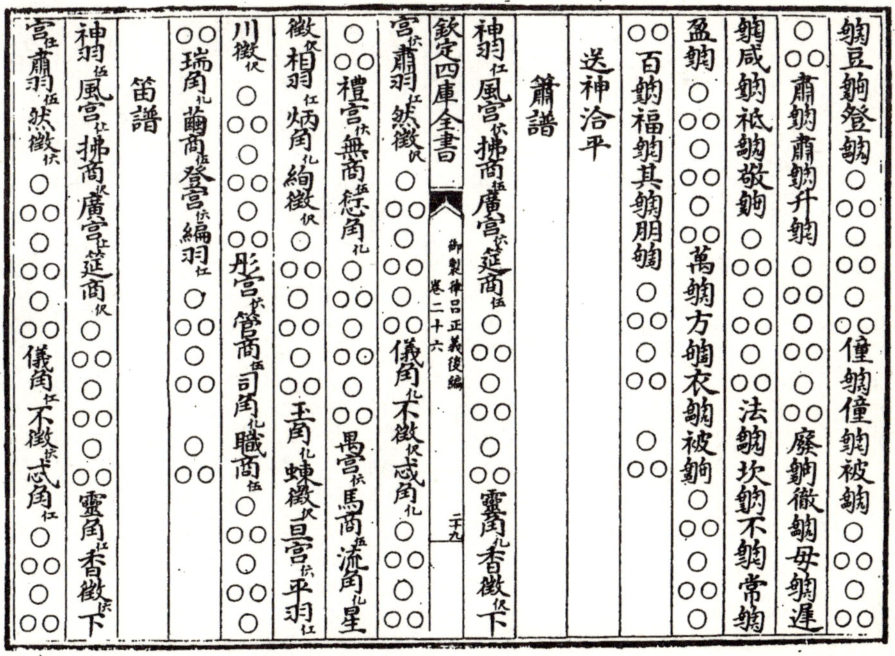
𫝀豆𫝀登𫝀　僮𫝀僮𫝀被𫝀
肅𫝀肅𫝀升𫝀　糜𫝀徹𫝀母𫝀遲
𫝀咸𫝀祇𫝀敬𫝀　法𫝀坎𫝀不𫝀常𫝀
盈𫝀　萬𫝀方𫝀衣𫝀被𫝀
百𫝀福𫝀其𫝀朋𫝀
送神洽平
簫譜
欽定四庫全書　御製律呂正義後編　卷二十六　二十九
神羽仩風宮伬拂商伍廣宮伬筵商伍　靈角仩香徵伬下
宮伬肅羽伍然徵伬　儀角仩不徵伬忒角仩
禋宮伬無商伍愆角仩　禺宮伬馬商伍流角仩星
徵伬相羽仩炳角仩絢徵伬　玉角仩蝀徵伬旦宮伬平羽仩
川徵伬　彤宮伬管商伍司角仩職商伍
瑞角仩藹商伍登宮伬編羽仩
笛譜
神羽伍風宮仩拂商伬廣宮仩筵商伬　靈角仩香徵伬下
宮仩肅羽伍然徵伬　儀角仩不徵伬忒角仩

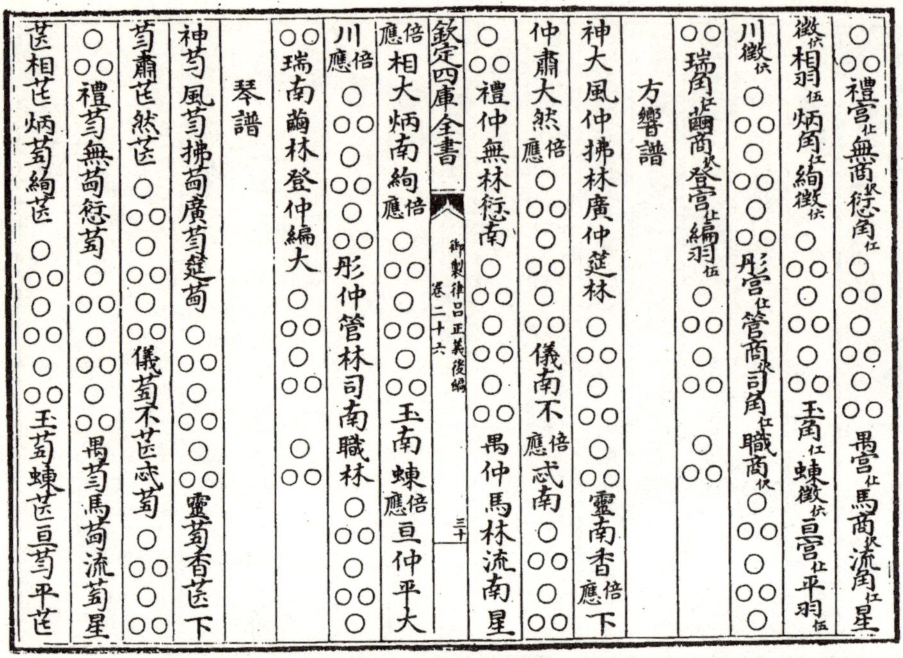
欽定四庫全書
御製律呂正義後編 卷二十六
三十
方響譜
琴譜

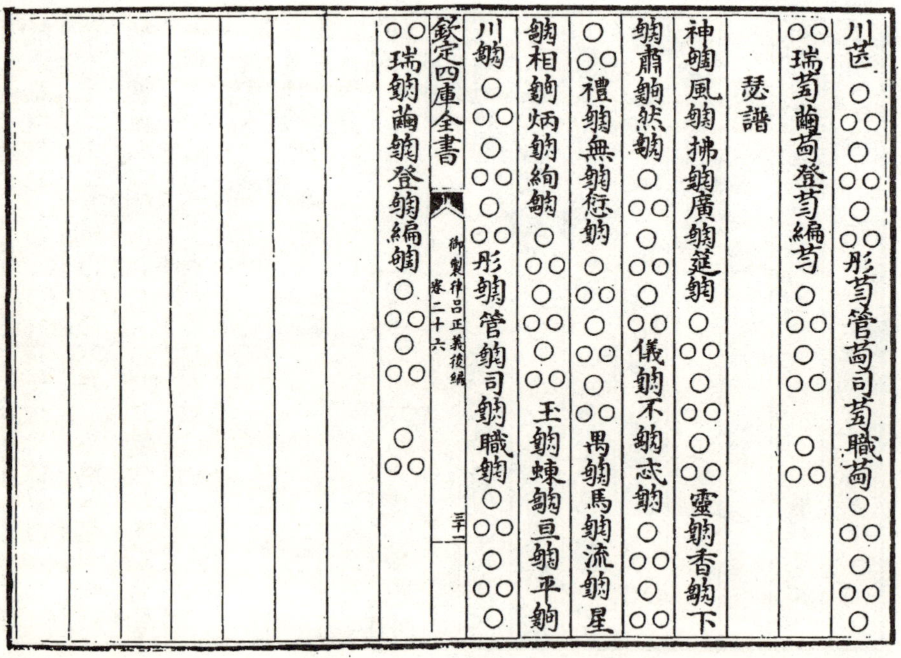
欽定四庫全書
御製律呂正義後編 卷二十六
三十一
瑟譜

採桑歌

躬耕禮成詣躬桑　蠶月吉巳迎辰祥
金華紫罽五翟光　瑞雲彩映椒塗黃
壇南宿戒帷宮張　西陵展事搖珩璜
齋肅恭敬柔雍彰　金鉤綠籩懿筥筐
尚宮司製奉以將　柔條在東涵露香
鞠衣三摘鳴鳩翔　月靈臨貫龍精昌
黼黻五色質且良　昭事上帝祠烝嘗

儀刑宇宙帥妃嬙　衣食滋殖被萬方

採桑歌譜

躬工耕尺禮上成尺詣五躬工桑工蠶上月尺吉六巳
五迎上辰上祥尺金六華工紫六罽五五上翟尺光工
瑞上雲五彩工映六椒工塗上黃尺每、拍一板下同
工六五上六工尺上係過聲腔有聲無詞每、拍一板金鼓齊應下同
壇工南工宿六戒五帷上宮五張六西六陵工展六事
五搖上珩上璜尺齋工肅工恭六敬五柔上雍尺彰工
金尺鉤尺綠上籩上懿尺筥四筐上

五六六工六上尺工
尚五宮工司六製五奉六以上將尺柔工條工在五東
六涵工露五香六鞠工衣工三尺摘尺鳴上鳩上翔尺
月上靈尺臨工貫六龍上精尺昌工
尺上四尺上六工六
黼工黻六五上色尺質尺且四良上昭六事五上上帝
五祠工烝五嘗六儀四刑上宇上宙尺帥工妃尺嬙上
衣六食工滋尺殖上被六萬工方尺

六五工尺上四、合四、

乾隆御覽之寶

欽定四庫全書

御製律呂正義後編 卷二十六

三十四

御製律呂正義後編卷二十六

后　记

编写这本书的想法，来源于一次与刘文丰的聊天，也得益于我的一位同事的建议。因为我平时对先蚕坛的历史文化内涵一直感兴趣，而作为北京市文物局学术界后起之秀的刘文丰又长于文史资料的积累，于是2012年之夏的茶余饭后闲谈中，我俩决定联手将北京城中这座罕为人知的昔日皇家祭坛写出来，作为给北京文博工作者、史地爱好者的一点小小奉献。

因为专注北京先农坛研究20余载，对坛庙文化研究积累了相当的经验，因此由我策划构思，查找历代文献记载，刘文丰负则技术资料和近代史料的查阅、整理，由我最后分类甄别。伴随我们成功地对现存坛址所在地北京北海幼儿园进行排查式专项考察，至2012年秋所有准备工作即告完成，旋即开始写作。

具体分工，我本人负责第一、二、四章及附录“明清北京先蚕之祀大事记”撰写，刘文丰撰写第三章。赵迅老师作为顾问和审稿，现状摄影，由我和刘文丰负责。

本书的想法受到我的恩师赵迅老师的赞成。赵老的北京文物工作队的从业经历，使赵老眼界开阔、文史信息丰富。作为文物专家，赵老曾经做过北海公园的顾问（先蚕坛隶属历史上的北海、明清西苑的一部分），因此赵老对我们的写作提了不少建设性意见。作为本书顾问，赵老抱病审核了书稿，给予我们积极的鼓励。

写作过程中，我们还走访了北海公园原总工程师袁世文老先生。袁先生从业北海几十年，从其所见所闻为我们提供了一手的关于先蚕坛的口述历史，特别是1949年以后的先蚕坛变迁，这为读者能够全面了解这一处历史文化遗产的风雨沧桑提供了难得的素材。袁世文先生2014年3月病逝，

中国文物保护泰斗——谢老谢辰生先生为本书题写书名

本书的出版也是对他的最好纪念。

中国文物保护泰斗——谢老谢辰生先生，在听到本书写作消息后，欣然为本书题写了书名，并对先蚕坛的文物保护提出良好祝愿。

感谢我馆馆长徐明老师热忱关心本书的编撰纂、运作事宜，并为本书撰写序言。

感谢我馆的大力支持，批准本书的出版经费，使本书得以顺利出版。

相对所有的明清皇家坛庙来说，北京先蚕坛既独特又陌生。独特的是，这是一处皇权专制时代女性体验祭祀文化的场所；陌生的是，清亡至今百余年来淹没在喧闹都市的核心之地已然为世人遗忘。不过它又是幸运之地，虽久经风霜但大体完好，相信在不久的将来会为世人展开神秘的面纱，重焕风采。也正是为了这个目的，作为文博工作者的我们才有义务将其文化蕴涵先期进行整理，以为后世之基础，这也是这本书的真实目的所在。作为第一部专述北京先蚕坛历史文化内涵的读物，肯定有不少方方面面的错误和不足，我们诚望此书是对文博界的一次抛砖引玉，不仅希望广大文博从业者从此关注北京先蚕坛，也更希望广大热爱老北京历史文化的读者们在此基础上不断深挖深探，大家共同为包括北京先蚕坛在内的所有历史文化遗产的发扬光大做出自己的努力。

最后，祈望广大读者们提出宝贵的批评意见。

北京古代建筑博物馆　董绍鹏

2014.9